김 영 랑

― 최고의 순수 서정 시인 ―

박 노 균 저

건국대학교출판부

최고의 순수 서정 시인
김 영 랑

세계 작가 탐구(한국편) [017]

찍은 날 2003년 1월 10일 초판 찍음
펴낸 날 2003년 1월 15일 초판 펴냄
지은이   박 노 균
펴낸이   정 길 생
펴낸곳   건국대학교출판부
　　　　주　　소: 143-701, 서울시 광진구 화양동 1번지
　　　　전　　화: 도서주문 (02) 450-3893/FAX (02) 457-7202
　　　　　　　　 편 집 실 (02) 450-3891~2
　　　　홈페이지: www.konkuk.ac.kr/~press
　　　　전자우편: press@www.konkuk.ac.kr
　　　　등　　록: 제 4-3 호(1971. 6. 21)
책임편집 박 명 희

찍은 곳 신일기획문화주식회사

값 6,000원

ⓒ 박노균, 2003

*잘못 만들어진 책은 바꾸어 드립니다.
*저자와의 협의하에 인지 첨부를 생략합니다.

 ISBN 89-7107-327-6 04800
 ISBN 89-7107-232-6 (세트)

김 영 랑(金永郎, 1903~1950)

그는 유미주의자다. 그는 키이츠의 구 '아름다운 것은 영원한 기쁨이다'(a thing of beauty is a joy forever)를 신조로 한다.
― 박용철, 「병자 시단 일년 성과」(1936)에서 ―

그 당시에 범람하던 소위 경향파 시인의 탁랑에서 천부의 시적 생리를 유실치 않고 고고히 견디어 온 영랑으로 인하여 조선 현대 서정시의 일맥 혈로가 열리어 온 것이 아닌가 생각된다.
― 정지용, 「시와 감상」(1938)에서 ―

저자의 말

　우리 현대문학사에서 시인 김영랑은 빛나는 성좌의 하나이다. 많은 사람들의 애송시 「모란이 피기까지는」은 우리 시문학사의 명편으로 자리잡은 지 이미 오래되었고, 시인이 데뷔하여 왕성하게 작품을 발표한 『시문학』지 역시 우리 현대시문학사를 검토하는 자리에서 반드시 넘어야 할 봉우리의 하나로 우리 앞에 우뚝 솟아 있다.
　그렇지만 한동안 영랑은 적절하게 평가받지 못한 것 또한 사실이다. 문학과 삶의 일치를 최고의 덕목으로 삼았던 일제 식민지하 우리 문학을 연구하는 풍토에서 순수 서정 시인 영랑은 외면당하거나 자주 비판의 대상이 되어 왔다. 이제 이러한 편견으로부터 벗어나 문학을 문학 자체로 향유하고 연구해 나가는 새로운 접근 태도가 요청된다. 시의 문학적 가치를 중시하는 우리들에게 영랑은 연구 대상으로서의 새로운 의미를 갖고 있다.

영랑이 지속적으로 천착해 나간 순수 서정 세계는 어느 시인도 따를 수 없는 독보적인 경지에 도달해 있다. 그리하여 영랑의 시문학은 이 부분에 집중하여 논의되었을 뿐, 총체적인 해명에는 이르지 못한 감이 있다. 그 대표적인 예의 하나로 1930년대 말 영랑이 보여주었던 저항시적 면모에 대한 무관심을 들 수 있을 것이다. 이제 영랑의 이해와 평가는 풍문의 수준을 넘어서 좀더 심화될 필요가 있다.

이 책은 기존 자료들을 종합하여 영랑의 생애를 재구성하고 그의 시세계를 총체적으로 검토하였다. 그에 이어 영랑의 대표작을 분석하고 그의 문학사적 위치를 새롭게 조명하고자 하였다. 그리하여 영랑 시문학에 대한 포괄적인 논의가 이루어질 수 있도록 노력하였다. 시인 영랑에 대한 논의 수준을 한 단계 높이고자 하는 의도가 앞선 나머지 이 책을 좀더 평이하게 서술하지 못한 것이 못내 아쉽다. 그러나 영랑의 문학을 이해하고자 하는 이들에게 이 책이 미력하나마 도움이 될 수 있을 것으로 기대해 본다.

끝으로, 시인 영랑을 새롭게 연구할 수 있는 기회를 제공해주고, 늦어진 작업을 참을성 있게 기다려 준 건국대학교출판부 관계자 여러분들께 고마움을 표하고 싶다.

2002년 12월
저 자

차 례

■ 저자의 말 / 5

1. 시인의 생애 —— 11

(1) 시인의 고향 강진 · 11
(2) 휘문의숙 재학 시절 · 15
(3) 동경 청산학원 중학부 유학 시절 · 19
(4) 문학 수업기 · 22
(5) 시문학파 활동기 · 26
(6) 문학적 저항과 침묵의 계절 · 34
(7) 사회 참여기 · 42

2. 시세계의 변모 —— 47

(1) 시작 활동의 세 단계 · 47
(2) 제1기 : '찬란함과 슬픔'의 순수 서정 세계 · 50
(3) 제2기 : 산문의 시대 혹은 민족주의적 저항 세계 · 64
(4) 제3기 : '희비 교향'의 서정 세계 · 75
(5) 꾀꼬리의 시학 · 86

3. 대표 작품 분석 —— 95

(1) 「동백잎에 빛나는 마음」(1930) · 95
(2) 「모란이 피기까지는」(1934) · 104
(3) 「오월」(1939) · 116

4. 시문학사적 위치 —— 125

(1) 시문학파의 대표 시인 · 125
(2) 최고의 순수 서정 시인 · 143

■ 참고 문헌 / 152
■ 연보 및 연구자료 / 155

김 영 랑

최고의 순수 서정 시인

1

시인의 생애

(1) 시인의 고향 강진

　훗날 '1930년대 전반기 우리 시문학의 가장 큰 빛'(서정주의 평 : 김현, 1981, 193)의 하나로 찬사를 받게 되는 시인 영랑 김윤식은 1903년 1월 16일 전남 강진군 강진면 남성리 탑골 마을의 북산 아래에서 태어났다. 영랑의 아버지 김종호는 500석 정도를 거두어들이는 상당한 규모의 지주로서 경제적으로 여유가 있는 강진 고을의 유지였다. 강진 고을 부농의 5남 3녀 중 맏아들로 태어난 영랑은 유년기에 동네 친구들과 어울려 뒷산에 있는 병풍바위나 비둘기바위, 집 주위의 감나무 밭이나 동백 숲을 놀이터로 삼아 성장하였다. 영랑의 집 울안에는 평나무와 동백나무 몇 그루가 자라고 있었고, 울 뒤는 오륙백 평의 대나무 숲으로 둘러싸여 있었다.
　영랑은 1909년 봄부터 북산골에 있는 서당에 다니기 시작하

영랑의 생가 안채(전남 강진군 강진읍 남성리 211번지 소재)

영랑 생가에 세워져 있는 시비(대표작 「모란이 피기까지는」이 새겨져 있다.)

였고, 그로부터 2년 후인 1911년에는 당시 개교한 강진공립보통학교에 입학하여 1915년에 졸업하였다. 그의 나이 열세 살 때인 1916년에 소년 영랑은 부친의 뜻에 따라 강진면 도원리 출신 김은하와 결혼하였으나 다음해에 곧 사별하게 된다. 죽은 아내에 대한 영랑의 그리움이 당시 어느 정도였던가는 뒷날 『시문학』 창간호에 발표된 다음 작품을 통하여 어느 정도 짐작할 수 있다.

> 쓸쓸한 뫼 앞에 후젓이 앉으면
> 마음은 갈앉은 양금줄같이
> 무덤의 잔디에 얼굴을 부비면
> 넋이는 향 맑은 여옥상같이
> 산골로 가노라 산골로 가노라
> 무덤이 그리워 산골로 가노라
>
> —『시문학』 1호, 10-11면

   대부분의 서정시에서 화자는 시인의 내면 세계를 반영하고 있는 탈(mask, persona)에 해당된다. 이 작품에서 화자는 산골에 있는 무덤을 그리워하며 찾아가고자 하는데 이것은 아내를 잃은 영랑 자신의 체험이 반영된 것으로 보인다.
   영랑의 생애와 문학에 있어서 그의 고향 강진이 차지하는 비중은 매우 크다. 예나 지금이나 대다수의 문인들은 자신의 고향을 떠나 도시인, 이방인 등 뿌리뽑힌 계층으로 변하여 가게 마련이다. 이와는 달리 영랑은 그의 생애 중에서 7년 정도의 유학 기간과 말년의 2년간 서울 생활을 제외하면 40년 가까운 세월 동안 고향 강진 땅에 살면서 주옥 같은 서정시를 써 낸 대표적인 '강진시파'(김현) 시인이다. 이러한 점에서 영랑은 오늘날 강진이 내세우는 대표적인 향토 시인이 되기에 조금도 손색이 없다.(『강진향토지』, 1978)

영랑의 작가적 삶은 프랑스의 시인 프랑시스 쟘(1868~1938)을 연상케 한다. 우리 현대시문학사에서 시인 백석과 윤동주에게 영향을 미친 바 있는 쟘은 피레네 산속의 바스크족 마을인 오르테즈와 아스파랑에서 생애의 대부분인 50년간을 지내면서 자신의 독특한 서정시를 써 냈던 대표적인 피레네 시인으로 알려져 있다. 진실성과 단순성을 자신의 시학으로 삼고 있는 쟘의 특이한 시세계는 20세기 전반기 프랑스뿐만이 아니라 세계 여러 나라의 시인과 문학도들에게 깊은 영향을 주어 그들로 하여금 피레네의 삶을 동경하게 만드는가 하면[1] 그가 살고 있던 지방에까지 직접 순례의 길을 떠나게 만들 정도로 문학적 보편성 또한 지니고 있었다.(박노균, 1995)

영랑에게 있어서 고향 강진은 프랑시스 쟘에게 있어서 피레네 지방에 대응될 만하다. 피레네 지방이 프랑스 남서부의 독특하고 고유한 지역 문화를 자랑하고 있듯이 강진 지방 역시 남도 특유의 고유 문화를 독자적으로 꽃피운 지역이다. 피레네 지방의 원초적인 자연과 삶이 쟘의 시세계를 꽃피우게 만든 원천이 되었듯이 강진 고을의 자연과 삶은 영랑의 시세계에 지대한 영향을 미친 것으로 보인다. 「시와 감상」(1938)에서 시인 정

---

[1] 파리 시절의 릴케가 그 대표적인 예가 될 것이다.

지용이 지적한 바와 같이 강진의 '이상적 남국 풍토'[2]는 영랑의 시문학을 탄생시킨 모태에 해당되며, 「찬란한 슬픔의 봄」(1981)이라는 글에서 비평가 김현이 평한 바와 같이 전라도 사투리는 영랑의 시에 적절하게 수용됨으로써 우리 현대시의 중요한 자산으로 자리잡게 된다.[3]

(2) 휘문의숙 재학 시절

1916년 2월 초에 상경하여 1년 정도 기독교청년회관에서 영어를 공부한 바 있는 영랑은 이듬해인 1917년 3월 휘문의숙에 진학하게 된다. 휘문의숙 재학 시절에 영랑은 축구 선수로 활약할 만큼 건장한 체격의 소유자였고, 정구를 치는가 하면 바이올린에도 매료되어 있을 만큼 모던 보이적인 면모도 보여

휘문의숙 재학 시절 영랑의 모습

---

2) 『강진향토지』(1978)에는 '해양성 내륙 기후'로 기술되어 있다.
3) 「시와 감상」(1938)에서 정지용은 영랑의 시를 통하여 비로소 전라도 사투리가 매우 곡선적이고, 감각적이고, 정서적인 사실을 깨닫게 되었다고 술회한 바 있다.

주었다(정지용, 1938). 3학년에 재학중이던 1919년 봄에 영랑은 3·1운동에 가담한 죄로 일본 경찰에 체포 구금되었다가 석방된다. 그리하여 고향으로 내려가게 된 영랑은 그곳에서도 독립만세운동을 모의하다가 검거되어 4월에 광주지방법원 장흥지청에서 징역 1년형을 선고받고 대구형무소에서 복역하다가 9월 중순경에 석방되는 등 많은 고초를 겪기도 하였다.(주전이, 1997, 45-47) 3·1운동에 가담한 죄로 옥고까지 치른 영랑은 그해 가을에 결국 휘문의숙(휘문고보)을 중퇴하기에 이른다.

휘문의숙은 영랑의 문학적 생애에 있어서뿐만이 아니라 우리 현대문학사에서도 매우 중요한 위치를 차지하는 중등 교육 기관이었다. 영랑이 재학하고 있던 1910년대 후반기 당시 휘문의숙에는 장래 우리 문단을 이끌어 나가게 될 우수한 인재들이 여러 명 재학하고 있었다. 영랑의 바로 위 학년에 박종화가, 그 위 학년에는 홍사용이 있었다. 그리고 영랑의 바로 아래 학년에는 정지용이, 그 아래 학년에는 이태준이 재학하고 있었다.

경기도 수원 출신인 노작 홍사용(1900~1947)은 1922년 1월에 창간된 순문학 동인지 『백조』지 편집인으로서 향토적이며 감상적인 민요시를 발표하는 한편, 1922년 5월에 창립된 연극 단체인 토월회에 참여하여 문예부를 이끌면서 재정적인 지원도 아끼지 않았다. 서울 출신 월탄 박종화(1901~1981)는 『장미촌』과 『백조』 동인으로 참여하여 시를 발표하였고 1924년에는 시집 『흑방비곡』을 간행하는 등 시인으로 출발하였다. 이후 상당 기간 침묵을 지키던 그는 『금삼의 피』(1936)를 시작으로 하여 『대춘부』(1937), 『다정불심』(1940) 등 인기 있는 역사소설을 지속적으로 발표하여 일제하 우리의 민족 정신을 일깨워 준 대표적인 역사 소설가로 문명을 날렸다. 충북 옥천 출신 정지용(1902~?)은 1920년대 중반기 모더니즘 계열의 새로운 시들을 발표하면서 혜성처럼 문단에 등장하여 『시문학』 동인, 『가톨릭청년』지 편집인, 구인회 동인, 『문장』지 시 추천위원 등으로 활동하면서 이상을 비롯하여 박목월·박두진·조지훈과 김종한·이한직·박남수 등 여러 시인들을 등단시키는 등 해방 전 우리 시문학사에서 크게 영향을 미쳤던 대표적인 시인이었다. 강원도 철원 출신 상허 이태준(1904~?)은 ≪조선중앙일보≫ 학예부장, 구인회 동인으로 활동하면서 1934년에는 단편집 『달밤』을 간행하였다. 1939년 2월에 창간된 『문장』지의 실질적인 편집 책임자였던 그는 1930년대 대표적인 단편 소설가이자 문장가로 이름을 날렸다. 영랑의 휘문의숙 재학 시절에 선후배 관계로 맺어진 이들 문인들 모두는 면면이 우리 현대문학사를 이끌어 간 거목들에 해당된다.4)

휘문의숙 출신 문인들과 함께 1920년대 이후의 우리 문단을 이끌었던 대표적인 또 다른 학맥으로 배재고보5) 출신 문인들을 빼놓을 수 없다. 나도향, 김기진, 박영희, 박용철, 김소월 등이 대표적인 배재고보 출신 문인들이다.6) 이들 중에서 당대 문단에 커다란 영향력을 미쳤던 문인으로 비평가였던 김기진, 박

---

4) 소설가 이무영과 김유정도 휘문고보 출신이다.
5) 장용하(『박용철전집』 2, 1940)에 의하면 배재학당이 배재고보로 인가를 받은 해는 1916년인데 그해에 박용철이 배재고보에 입학한 것으로 되어 있다.
6) 이 시대에 김상용, 염상섭, 임화, 김환태, 이상, 윤곤강, 이헌구, 윤기정 등 보성중학 출신 문인들의 학맥 또한 주목된다.

영희, 박용철이 특히 주목된다. 충북 청원 출신인 팔봉 김기진(1903~1985)은 일본 동경 유학중이던 1922년에 토월회 창립에 관여하고 이듬해 귀국한 이후에는 『백조』 제3호 동인으로 참여하여 새로운 경향의 시를 발표하는 한편, 이 잡지에 소위 신경향파 문학을 알리는 글들을 발표하기 시작한다. 그해에 '한국 프로문학 운동의 개척자'격인 파스큘라(PASKYULA)를 조직하고[7] 1925년에는 '프로문학의 전위적 단체'인 카프(KAPF)를 결성하는 데 주도적인 역할을 담당하는 등 카프의 중심 인물로 활약하게 된다. 김기진과 배재고보 동기생이었던 서울 출신 회월 박영희(1901~?)는 『장미촌』과 『백조』 동인으로 참여하면서 처음에는 퇴폐적인 유미주의 계열의 시들을 발표하였다. 계급주의 문인으로 전향한 1924년 이후 그는 김기진과 더불어 파스큘라와 카프를 조직하는 데 주도적인 역할을 담당하는 한편, 신경향파 계열의 소설을 발표하기도 하였다. 1927년 카프의 제1차 방향 전환 이후 박영희는 목적의식론을 제창하면서 김기진을 대신하여 카프를 장악하기에 이른다.

　이와 같이 김기진과 박영희는 1920년대 중반기 이후 우리 문단에서 프로문학 운동을 이끌어 가는 중심 인물로 자리를 굳혀 가고 있었다. 그러나 그들과 동기생이었던 전남 광산 출신 용아 박용철(1904~1938)은 오히려 휘문의숙 출신이었던 영랑과 더 가까운 사이가 된다. 동경 유학 시절에 영랑과 박용철은 청산학원 중학부 동기생으로 맺어지는 것이다.

---

[7] 김기진(『김팔봉문학전집』 2, 37)은 1924년으로 회고하고 있다.

(3) 동경 청산학원 중학부 유학 시절

  1919년 가을 휘문의숙을 중퇴한 영랑은 고향 강진에 내려가 지내게 된다. 그해 10월 하순경에 영랑은 금강산 장안사를 중심으로 한 내금강 일대와 고성 땅에 있는 영랑호를 여행하고 서울로 돌아와 이듬해 2월까지 휘문의숙 동기생으로 뒷날 화가가 되는 행인 이승만의 집에서 머문다. 이 해 5월경에 영랑은 강진공립보통학교에 부임해 온 이화전문학교 출신 여교사 마재경과 사랑에 빠지기도 하였다.
  1920년 9월은 영랑에게 있어서 생애 최대의 전환기였다. 아버지의 뜻에 따라 일본 동경에 있는 청산학원 중학부 3학년에 편입학하게 되는 것이다. 유학 초기에 영랑은 한때 경북 문경 출신으로 일본에 건너가 정칙영어학교에 다니면서 사회주의 운동에 참여하고 있던 무정부주의자이자 독립투사인 박열(1902~1974)과 같은 집에서 하숙한 적도 있다. 그러나 이 시기 가장 주목할 만한 사건은 뒷날 그의 문학적 동반자이자 최대의 후원자가 되는 박용철을 만나게 된 일이라고 할 것이다. 1921년 봄 박용철은 영랑보다 한 학기 늦게 청산학원 중학부 4학년에 편입학하여 영랑과 같은 학년에 재학하게 된다. 당시 '학원의 수재', '수리의 천재'로 이름을 날리고 있던 박용철을 만나게 된 영랑은 같은 하숙방에서 함께 지내면서 곧 아주 친한 사이가 되었다. 이때부터 시작된 두 사람 사이의 깊은 우정은 당시 문학에 관심이 적었던 박용철로 하여금 문학의 길로 접어들게 만드는 결정적인 계기를 제공하게 된다. 영랑의 아호가 정해진

◀
동경 유학 시절의 영랑
(좌로부터 세 번째가
영랑이다.)

것도 이 시기의 일이었다. 영랑의 회고에 의하면 일본 유학을 떠나기 바로 전해에 가 보았던 금강산 영랑봉과 고성 땅의 영랑호가 아주 마음에 들어 그들의 이름을 따서 자신의 호로 삼았다는 것이다.

1921년 7월 하기 휴가를 맞이하여 잠시 귀향한 영랑은 부모에게 음악을 전공하고 싶다는 뜻을 밝히고 승낙을 구했으나 완고한 아버지에게 거절당하고 다시 일본으로 돌아가게 된다.[8]

---

[8] 영랑은 훗날 「여백문답」(1940)에서 피아노와 바이올린을 배우고 싶다는 점, 자기 지방의 소리에는 자신도 있다는 점 등을 밝히고 있는 것을 보면 음악에 대한 그의 관심은 지속적이었던 것 같다.

그리하여 그해 9월 이후 영랑은 학교 도서관에 묻혀서 문학 서적을 읽기 시작한다. 뒷날, 중학 '3, 4년 급 때 작가가 되겠다고 결심하고 하이네, 베를렌느, 괴테를 탐독하면서 시인의 길로 접어들었다'고 회고한 것을 보면 영랑이 청산학원 중학부 시절에 읽었던 서적들이 주로 서구문학에 편향되어 있었음을 알 수 있다. 이듬해 4월에 아버지의 권유에 따라 청산학원 인문과에 진학하게 된 영랑은 영문학을 전공하고 서양문학을 본격적으로 탐독하게 된다. 이 시절에 영랑은 키이츠와 셸리 등 천재적인 낭만주의 시인들에 경도되어 있었다. 산문 「두견과 종다리」(1939)에는 영랑의 독서가 서구 낭만주의 시에 기울어 있었음을 말해 주는 내용이 포함되어 있다.

걸음을 멈추고 재재거리는 종달을 치어다본다. 워즈워드의 크게 느낀 바 밭이랑 가의 어린 소녀의 외로운 콧노래에는 내 아직 흥겨워 보지 못하였으니 키이츠의 나이팅게일에 취한 까닭인가. 내 아직 사람이 덜 되고 만 탓인가. 대자연 시인 워즈워드, 소녀의 콧노래가 그다지도 흥겨워서 무비무상의 노래도 되었다는 것을 나는 지금까지도 해득치 못하고 있는 터이다.

― ≪조선일보≫, 1939. 5. 21

이렇게 자리가 잡혀 가던 영랑의 동경 유학 생활은 1923년 9월 1일에 발생한 관동대지진의 여파로 인하여 그해 11월에 중단되고 영랑은 동경에서 얼마 동안 방랑하다가 이듬해 봄에 귀국한다. 그리하여 3년여에 걸친 영랑의 일본 유학 생활이 그 막을 내리고 만다.

비록 일본 유학 기간은 3년 정도에 불과하였지만 이 시기는 영랑의 문학적 생애에 있어서 매우 중요한 의미를 갖고 있다. 청산학원 중학부 시절에 처음 만나 깊어진 박용철과의 우정은 훗날 시문학파가 태동하게 되는 결정적인 계기가 되었고, 『시문학』지 창간을 통하여 영랑이 문단에 등장하게 되는 발판이 이미 이 시기에 마련되고 있었던 것이다.

(4) 문학 수업기

일본 유학을 중단하고 고향 강진으로 돌아온 영랑은 청년회 소비조합에 관여하는가 하면 향토문학 동인회를 조직하여 활동하기도 한다. 이 시기에 영랑은 가정 사정으로 관동대지진 이전에 일본 유학을 중단하고 고향 광산에 돌아와 있던 박용철과 편지를 서로 주고받기도 하고 100여 리 길을 직접 왕래도 하면서 문학적 교류를 지속하였다. 그리고 휘문의숙 시절부터 음악을 좋아했던 영랑은 유명한 음악회가 열릴 때마다 상경하여 관람하는가 하면 신흥 사회주의 문사들과 어울리기도 하였다. 1924년 가을에 영랑은 동경 유학 시절에 사귀게 된 친구 최승일의 여동생으로 훗날 최고의 미인 무용가로 이름을 날리게 되는 숙명여고 재학생 최승희(1911~?)와 교제한 끝에 서로 결혼을 약속한다. 그러나 양쪽 집안의 반대에 부딪쳐 두 사람 사이의 결혼은 좌절되고 만다. 그해 말에 영랑은 박용철과 서울에서 얼마간 함께 지내기도 하였다. 그 당시 박용철은 영랑을 만나면 자꾸 문학에로 물들어간다고 하면서 자신을 '오입시키지 말라'고 농담을 자주 하였다고 한다. 첫 부인과 사별한 지 8년 만인 1925년 5월 초 영랑은 개성 호수돈여고 출신으로 당시 원산 루시아여고에 근무하고 있던 안귀련(1906~1989)과 재혼, 이듬해 장녀 애로를 낳게 된다.9)

1927년 9월 말 영랑은 박용철과 함께 금강산으로 여행을 떠난다. 송정리를 출발한 두 사람은 서울에서 며칠 동안 머문 후, 10월 초에 금강산 내금강 장안사에 도착한다. 영랑에게 있어서 두 번째 금강산 여행 길이었다. 영랑과 박용철은 한 젊은 수도자의 인도를 받아 비로봉에서 영랑봉에 이르는 대모험을 감행하였다. 일주일 동안 내금강 일대를 다 돌고10) 외금강 구룡연을 다녀온 두 사람은 박용철의 위병으로 여행을 중도에서 포기하고 장전과 원산을 경유하여 서울로 돌아오게 된다.11)

1919년과 1927년의 두 차례에 걸친 금강산 여행 체험은 뒷날 그의 시작품 「불지암 서정」(1934)과 「강선대 돌바늘 끝에」(1935)를 창작하게 만든 계기가 된 것으로 보인다.

---

9) 이후 영랑은 7남 3녀를 두게 된다.
10) 설문답인 「피서지 순례」(1939)에서 만폭동, 명경대, 영원암, 수렴동, 망군대, 수미암, 선암, 강선대, 비로수즉수미제봉, 유점사, 구룡연, 옥류동, 백운대, 중향성, 불지암, 표훈사, 마하연 등을 추천하고 있는 것을 보면 영랑의 여행 범위가 내금강 일대에 집중되어 있었음을 알 수 있다.
11) 영랑의 회고담 「인간 박용철」(1939)에 의하면 당시 두 사람은 유점사에서 개잔령을 넘어 고성 삼일포로 이어지는 여행 길을 택한 것 같다.

강선대 돌바늘 끝에
하잔한 인간 하나
그는 벌써
불타오르는 호수에 뛰어내려서
제 몸 사뤘더라면 좋았을 인간

이제 몇 해뇨
그 황홀 만나도 이 몸 선뜻 못 내던지고
그 찬란 보고도 노래는 영영 못 부른 채
젖어드는 물결과 싸우다 넘기고
시달린 마음이라 더러 눈물 맺었네

강선대 돌바늘 끝에 벌써
불사뤘어야 좋았을 인간

—『영랑시집』, 작품 번호 48

 『조선왕조실록』태종 4년조에는 중국인들이 '고려국에 태어나 금강산이나 직접 보았으면 한다'는 내용의 이야기를 당시의 재상 하륜이 왕에게 보고한 기록이 있다. 그리고 금강산을 여행한 최초의 유럽 여성 작가이자 지리학자인 비숍은 '일본이나 중국에서 이토록 아름답고 장엄한 광경을 단 한 번도 보지 못하였다'고 찬탄을 아끼지 않은 바 있다. 이러한 예들을 통해서 짐작할 수 있듯이 금강산은 수많은 동서양 사람들이 구경하기를 간절히 원할 정도로 천하 명산으로 널리 알려져 있었던 것이다. 금강산을 찾은 우리 시인 묵객들은 그 수를 헤아리기 어려울 정도이다. 신라시대 최치원으로부터 고려시대에는 안축·이제현·이곡이 있었고, 조선시대에는 권근·김시습·성현·남

효온·이황·양사언·이이·정철·허균·김창협·김창흡·박지원·박제가·김병연·안민영 등이 금강산을 다녀온 것으로 알려져 있다. 그리고 근대 문인으로는 문일평, 최남선, 이광수, 정지용, 영랑, 박용철, 서정주, 정비석 등이 금강산을 여행하고 돌아와 아름다운 작품을 남겼다.

강선대는 금강산 내금강 만폭동 구역과 외금강 수정봉 구역에 두 개가 있는데 이들 중 어느 것이 이 작품의 창작 배경이 되었는지는 확실하지 않다. 그러나 영랑이 1927년 가을에 비로봉에서 영랑봉까지 종단하였다는 사실을 고려할 때 이 작품은 내금강에 있는 강선대를 대상으로 하였을 가능성이 크다. 내금강의 강선대는 동쪽으로 영랑봉이 우뚝 솟아 있고 남쪽으로는 적룡담과 우화동이 깊게 자리잡고 있다.

10월 중순경 금강산 여행에서 서울로 돌아온 영랑은 박용철이 당시 머물고 있던 평동 여관에서 한 달 동안 함께 지내면서 매일같이 다방으로 커피나 차를 마시러 다니는가 하면 가끔은 술을 마시고 종로나 태평통의 밤거리를 떠들며 돌아다니기도 하였다. 이 해 겨울에 영랑은 고향에서 야학을 개설하여 아이들을 가르치기도 하였다.12)

1929년 2월 상순에 영랑은 박용철을 만나 시잡지 출판에 대하여 결정적인 의논을 하게 된다. 이 달 중순부터 일주일 동안 영랑은 강진에서 박용철과 함께 지내기도 하고 5월 중순에는

---

12) 영랑은 1932년과 1936년에도 야학을 개설한 것으로 되어 있는데 이것을 보면 당대 어두운 식민지 상황하에서도 지속적으로 사회 계몽 운동을 시도한 것 같다.

광주로 올라가서 박용철을 만나 무등산을 등반하기도 하였다. 그해 10월 하순에 영랑과 박용철은 일본 동지사대학 영문과 출신으로 그 당시 모교인 휘문고보에서 영어 교사로 재직하면서 참신한 모더니즘 계열의 시작품들을 발표하여 인기를 끌고 있던 정지용을 찾아가 만난다. 정지용을 만난 자리에서 두 사람은 그 동안 자신들이 계획해 왔던 순수 시잡지 창간에 그도 함께 참여해 줄 것을 요청하였는바, 정지용은 이들의 요청에 쉽게 동의하였다. 그러나 『시문학』 창간호 출간을 앞두고 있던 그해 11월에 광주학생사건이 발생하였고 이로 인하여 잡지 창간은 자연히 연기되고 만다. 그리하여 영랑과 박용철은 『시문학』지 창간을 다음해 봄으로 미루고 각자 고향으로 돌아가게 된다.

(5) 시문학파 활동기

1930년 1월 어느 날 영랑은 서울 옥천동에 있던 박용철의 집에서 정지용, 이하윤 등과 함께 저녁식사를 하게 되는데 이 자리에서 동인지 창간 문제를 다시 거론하게 된다. 그로부터 2개월 후인 3월 5일 우리 현대시문학사에 획기적인 순수 시동인지 『시문학』이 박용철에 의하여 발간되기에 이른다.

『시문학』 창간호 「후기」에서 이 잡지의 편집 겸 발행인이었던 박용철은 자신들이 지향하는 문학적 이념을 다음과 같이 선명하게 제시해 놓고 있다.

우리는 시를 살로 새기고 피로 쓰듯 쓰고야 만다. 우리의 시는 우리 살과 피의 맺힘이다. 그러므로 우리의 시는 지나는 걸음에 슬쩍 읽어 치워지기를 바라지 못하고 우리의 시는 열 번 스무 번 되씹어 읽고 외워지기를 바랄 뿐 가슴에 느낌이 있을 때 절로 읊어 나오고 읊으면 느낌이 일어나야만 한다. 한 말로 우리의 시는 외워지기를 구한다.
(…)
한 민족이 언어가 발달의 어느 정도에 이르면 구어로서의 존재에 만족하지 아니하고 문학의 형태를 요구한다. 그리고 그 문학의 성립은 그 민족의 언어를 완성시키는 길이다.

—『시문학』1호, 39면

우리 시문학사에서 '살과 피가 맺힌' 시, '되씹어 읽고 외워지기'를 바라는 시를 지상 목표로 내세우고 '민족 언어를 완성시키는 길'에 나서겠다고 이처럼 분명하게 천명하고 출발한 유파는 일찍이 찾아보기 어렵다. 그만큼 이「후기」에는 문단 등단기에 박용철이 갖고 있었던 대단한 패기와 원대한 포부가 반영되어 있었던 것이다.

영랑과 박용철은 『시문학』 창간 동인으로 정인보, 변영로, 정지용, 이하윤 등 기성 문인들을 영입하였다.13) 이들 중에서 정인보와 변영로가 이 잡지의 창간 동인으로 참여하게 된 데에는 재미있는 일화가 전한다. 국학자이자 시조 시인이었던 위당

---

13) 박용철의 글「『시문학』창간에 대하여」(《조선일보》, 1930. 3. 2)에 의하면 창간호 편집 동인은 정인보, 변영로, 김윤식, 정지용, 이하윤, 박용철이었다고 한다.

『시문학』 창간 동인들
(앞줄에 앉아 있는 사람들을 왼쪽에서부터 영랑, 정인보, 변영로이고, 뒷줄에 서 있는 사람들은 왼쪽에서부터 이하윤, 박용철, 정지용이다.)

정인보(1892~?)는 1923년 가을 일본 유학을 중도에 포기하고 연희전문에 다니고 있던 박용철에게 작문과 시조 창작을 가르쳐 준 스승이었고, 1924년에 시집 『조선의 마음』을 낸 바 있는 기성 시인 수주 변영로(1897~1961)는 정인보와 절친한 친구 사이였다. 연희전문 재학 시절 정인보의 총애를 받고 있었던 박용철이 어느 날 스승의 집에 찾아갔다가 마침 그 자리에 와 있던 변영로에게 영문도 모른 채 큰절을 받게 된다. 이유인즉 전에 읽은 적이 있는 박용철의 작품 「개」가 그의 마음에 들었기 때문이라는 것이었다. 시인 변영로가 시에 대하여 평소에 갖고 있었던 태도의 일면을 아주 잘 보여주는 대목이라고 할 만하다. 이 두 사람과는 달리 『시문학』지의 문학적인 성공을 위하여 박용철이 영입하고자 가장 공들였던 기성 시인은 정지용이었다. 박용철이 영랑에게 보낸 편지의 다음 구절 속에 이 사실이 분명하게 드러나 있다.

> 양주동 군의 『문예공론』을 평양서 발간한다고 말하면 이에 방해가 될 듯싶네. 그러나 통속 위주일 게고 교수 품위를 발휘할 모양인가 보니 길이 다르이. 여하간 지용 수주 중 득기일이면 시작하지. 유현덕이가 복룡 봉추에 득기일이면 천하가정이라더니 나는 지용이가 더 좋으이. 『문예공론』과 특별한 관계나 맺지 않았는지 모르지. 서울 걸음은 해 보아야 알지.
>
> ─『박용철전집』 2권, 319면

이곳에서 확인되는 바와 같이 『시문학』지 창간이 정지용의 참여 여부에 따라서 결정될 수 있다고 생각할 정도로 시인 정지용에게 거는 박용철의 기대는 매우 컸던 것이다. 그리고 당시 중외일보사 학예부 기자로 근무하고 있었던 연포 이하윤 (1906~1974)은 『시문학』지의 선전 효과를 위하여 배려되었던 인물로 보인다. 해외문학파 출신으로 프랑스 시를 번역하여 소개하고 있던 이하윤은 독일 시를 주로 번역하게 되는 박용철의 취약 분야를 보강해 줄 수 있는 적임자이기도 하였다. 이와 같이 『시문학』 창간 동인들은 박용철의 치밀한 계산에 의하여 구성되었던 것이다.

『시문학』지에는 영랑, 정지용, 박용철의 시작품들이 매 호마다 발표되었고, 이하윤과 박용철의 번역시들 또한 매 호마다 게재되었다. 창작시의 경우 이들 세 사람 이외에 제1호에 이하윤, 제2호에 변영로와 김현구, 제3호에 김현구·허보·신석정의 작품들도 발표되고 있다. 그리고 번역시의 경우 제1호에 정인보, 제2호에 정인보·정지용·영랑이 참여한 것으로 되어 있다. 이로 볼 때 『시문학』 동인들 중에서 시 창작과 외국시 번역에서 차지하는 박용철의 비중이 매우 컸음을 알 수 있다.

매우 왕성한 활동에도 불구하고 박용철은 『시문학』지를 대표할 만한 시인으로 영랑에 미치지 못하고 있다. 뒷날 서정주는 『시문학』지에서 영랑이 차지하고 있는 위치를 다음과 같이 밝혀 놓고 있어 흥미롭다.

> 영랑 선생의 시작품을 내가 처음으로 대한 것은 아직도 내 나이 20미만의 소년 시절 『시문학』이라는 동인지를 통해서였다. (…) 그 중에서도 『시문학』지의 서두를 장식했던 영랑 선생의 주옥 같은 소곡들은 오랫동안 나의 모두 외우는 바 되었었다. 혼자서 그의 소곡을 소리내어 외우며 들길을 헤매 다니던 기억, 오래잖아서는 또 김동리와 같은 동호자를 얻어 둘이서 같이 읊조리던 기억 등이 아직도 새롭다. 그 뒤 나는 다시 우연한 기회에 고 박용철 씨 댁에서 선생을 친히 만나게 된 이래 18년간 선생의 거느렸던 시의 정서와 품격은 오늘날 오히려 내 한쪽의 귀감이 되어 있었거니와 (…)
>
> ―「발문」, 『영랑시선』, 1949

사실 이 글은 『영랑시선』의 「발문」으로 쓰여진 매우 사적인 것이기는 하다. 그러나 『시문학』지에서 차지하는 영랑 시의 위치와 영랑 시가 시인 서정주에게 미친 영향이 어느 정도였던가를 가늠하기에 매우 유익한 자료가 되고 있다.[14]

영랑의 시작품은 『시문학』지에 29편, 『문학』지에 8편이 발표되었다. 이 두 잡지에 발표되었던 37편의 작품들 중에서 「못오실 님이」 1편만 제외되고 17편이 새로 추가되어 모두 53편의 시작품이 『영랑시집』이라는 이름으로 1935년 11월에 시문학사에서 발간된다. 그해 봄 영랑과 정지용·박용철 세 사람은 당시 서울 탑골 승방에서 폐병으로 요양중에 있던 카프 시인 임화를 문병하고 돌아오던 날, 각자의 시집을 내기로 의견을 모았다. 그 결과 10월에 시문학사에서 『정지용시집』이 먼저 발간되고 다음달에는 『영랑시집』도 햇빛을 보기에 이른 것이다. 『영랑시집』의 저작 겸 발행자가 '경성부 적선동 169번지 시문학사의 박용철'로 기재되어 있는 점으로 보아 이 시집을 발간하는 데 있어서 박용철의 역할이 매우 컸음을 알 수 있다.

(…) 자네 시집은 오늘이야 넘기네. 페이지까지 다 지정해서 주니 교정볼 게 편하겠네.
활자도 9호(『시문학』 1호)와 5호(2호)의 2자 중에서 취할 뿐인데 그러면 9호가 낫지 않은가. 10호니 12호니가 있다면 변통도 있겠지마는 다른 도리 없네. 표장도 지용 것은 놀미야한 종이로 결정했네.
자네 시에서 다시 둘을 빼고 넘기네. 4행 「탯줄」, 8행 「배만또로 널 싸 주랴」. 시집을 한 '줄'로 보아서 줄다리기에서 여기가 끊

---

14) 「인간 박용철」(1939)이라는 글에서 영랑은 『시문학』이 내용과 체재 면에서 '당시 시단의 한 경이'였음에도 불구하고 '너무 고답적인 편집 방침' 때문에 단명하였다고 아쉬워하였다. 이 자리에서 그는 『시문학』 제3호 편집 문제로 정지용과 박용철 사이에 약간의 충돌이 있었음을 밝혀 놓고 있다.

어질 약점인 듯싶어서 그것을 제거했네.
자행을 용서하게. (…)
「제야」「두견」 두 편에는 제명이 붙고「불지암」에는『문학』때대로 꼬리를 붙이려네. 시에 번호를 붙일 뿐 페이지도 매기지 않을 생각이네. 시 넘버와 페이지가 거의 맞먹는 데서 착상이네. 세계에 유례가 없으리. 첫 페이지 고안해 주세.

　　　김윤식 저
　　　영랑시집

　　　경성
　　　시문학사

이렇게 하나 어쩌나. 김윤식 저를 어디에 넣나. 표장은 지용 것 보고 결정할 것이지마는 구리이무 색지에 금자는 나쁘지 않을 듯하네.
10월 10일 지나서 지용 출판축하회가 있을 테니까 그때는 좀 왔다가게. 자네 책도 그 안에 되리.

―『박용철전집』2권, 355-357면

영랑에게 보낸 박용철의 이 편지에서 우리는 『영랑시집』의 발간 작업이 주로 박용철에 의하여 이루어졌다는 사실을 확인하게 된다. 평소에도 박용철은 영랑의 시작품 원고를 가지고 다니면서 가까운 문인들에게 이것을 보여주고 촌평을 부탁할 정도로 영랑 시에 대하여 각별한 애정을 갖고 있었다.
1936년 5월 중순에 『영랑시집』 출판기념회가 명월관에서 개최되었다. 이 출판기념회에는 영랑을 포함하여 청천 김진섭, 행

『영랑시집』 출판기념회
(앞줄 왼쪽에서 세 번째가 정지용이고 다섯 번째가 영랑이다.
그리고 뒷줄 왼쪽 끝이 박용철이며 오른쪽 끝이 이하윤이다.)

인 이승만, 정지용, 이산 김광섭, 전성, 연포 이하윤, 일도 오희병, 소천 이헌구, 일보 함대훈, 용아 박용철 등 20여 명이 참석하였다.(주전이, 1997, 154) 그 중에 김진섭, 김광섭, 이하윤, 이헌구, 함대훈 등 해외문학파 계열의 문인들이 다수 참석한 것으로 보아 당시 시문학파 핵심 인물 박용철의 활동 범위가 이미 문단 전체로 확대되어 있었음을 알게 된다.[15]

그해 가을에 영랑은 훗날 그의 문학에 대한 최고의 이해자가 되는 서정주를 처음으로 만난다. 『시인부락』지 발간 문제에

---

15) 해외문학파와의 교유는 그가 편집한 잡지 『문예월간』(1931)에서부터 본격화되기 시작하였다.

관하여 자문을 구하기 위해 무명의 신인에 불과하였던 서정주가 당시 명편집인으로 이름이 나 있었던 박용철의 집을 찾아가게 되는데 마침 그 자리에서 영랑을 만나게 되는 것이다. 이 자리에서 영랑은 서정주에게 "꾀꼬리도 제 목청이 틔어야 꾀꼬리 노릇이듯이 시의 말에도 제 목청이 틔어 있는 것이 있어야 허지 않어?"(『서정주문학전집』 5, 114)라고 말한 것으로 알려져 있다. 이 말은 "시가 시로서 온전히 제자리가 돌아 빠지는 것은 차라리 꽃이 봉오리를 머금듯 꾀꼬리 목청이 제철에 트이듯 아기가 열 달을 채서 태반을 돌아 탄생하듯이 하는 것이니"(「시와 발표」, 1939)라고 한 정지용의 말과 매우 유사하여 주목된다. 영랑과 서정주의 이 우연한 만남은 문학사적 사건의 하나로 기억될 만하다. 시문학파를 대표할 만한 시인으로 첫 시집도 이미 낸 바 있었지만 영랑은 정지용의 「시와 감상」(1938)을 제외하고는 해방 전에 비평가들의 관심을 거의 끌지 못하였다. 해방 후에야 비로소 서정주가 그동안 문단의 관심 밖에 소외되어 있었던 영랑의 시에서 문학적 가치를 새롭게 발견해 내어 우리 현대시문학사에 뚜렷한 성좌의 하나로 자리 매김해 주게 된다. 이것은 전라도 출신 후배 시인 서정주의 높은 문학적 감식안이 유감없이 발휘된 결과라고 할 만하다.

(6) 문학적 저항과 침묵의 계절

시집을 발간한 1935년 11월 이후 영랑은 다시 문학적 침묵기에 들어간다. 연보에 의하면 영랑은 그의 문학 활동 기간 중에 세 차례의 침묵기를 보낸 것으로 되어 있다. 첫 번째 침묵기는 1931년 11월부터 1933년 12월까지 2년 2개월 동안 지속되었다. 두 번째 침묵기는 1935년 12월부터 1938년 8월까지 2년 9개월 동안에 이른다. 그리고 세 번째 침묵기는 1940년 9월부터 1946년 11월까지 6년 3개월 동안으로 되어 있다. 세 차례의 침묵 기간을 종합해 볼 때 영랑은 1930년 3월에 등단한 이후 마지막 작품을 발표한 1950년 6월까지 20년 3개월 동안에 모두 11년 2개월간이나 침묵을 지킨 것이 된다.

두 번째 침묵기에 해당되는 1936년 가을과 1937년 2월, 그리고 1938년 5월경에 영랑은 박용철을 찾아가 만난 것으로 되어 있다. 이와 같이 영랑은 문학적 침묵기에도 박용철과 우정 관계를 지속하였다. 그런데 1938년 5월에 박용철이 지병으로 세상을 떠나게 된다. 박용철의 이 죽음은 영랑에게 있어서 생애 최대의 충격적인 사건으로 각인되었다. 『박용철전집』 제1권(1939) 「후기」에 이 사실이 분명하게 드러나 있다.

    어려서 한솥밥 한글방 친구가 나이 먹어 가며 가장 가까운 시우가 되고 보니 나는 이에서 더 행복일 수 없었다. 그리하여 이제 나는 완전히 박행한 사람이로다. 아! 그 한이 크도다. 그 아침에 춘장을 뵈옵고 기쓰고 침착하려던 것이 끝내 흐느껴서 울음이 터지고 벗을 땅속 깊이 묻고 밤중에 산길을 쳐서 나려오던 때 몹시 쏟아지는 눈물에 발을 헛딛던 일을 생각하면 벗이 가신 지 겨우 한 철이 지난 오늘 이러니저러니 차분한 소리를 쓰고 있는 것이 내 자신 무척 우습고 지극히 천한 노릇같이 여겨진다. 일찍 처를 여의어 보고 아들도 놓쳐 보고 엄마도 마저 보내 본 나로서는 중한 사람의 죽음을 거의 겪어 본 셈이지마는 내가 가장 힘으로 믿던 벗의 죽음이라 아무리 운명이라 치더라도 너무 과한 노릇이 아닐 수 없다.

—『박용철전집』1권, 749면

그의 벗 박용철의 죽음은 영랑에게 있어서 이처럼 혈육의 죽음 못지않게 한스러운 것이었다. 그해 8월에 영랑은 정지용, 김현구와 함께 한라산 백록담을 등반하였다. 장녀인 애로에게 보낸 편지에서 다음해에 지리산을 오르고 또 언젠가는 백두산도 오르고 싶다는 뜻을 밝히고 있는 것을 보면 영랑은 이 시절에 등산을 매우 즐겼던 것 같다. 9월 하순경에 상경한 영랑은 보름 정도 고우 박용철의 집에 머물면서 유고를 수집 정리하여 두 권의 『박용철전집』으로 묶어 시문학사 편찬, 동광당서점 장판으로 발행하게 된다. 『영랑시집』이 주로 박용철에 의하여 발간되었듯이 이번에는 『박용철전집』이 영랑에 의하여 간행되었던 것이다.

그해 9월에 영랑은 「감나무에 단풍 드는 전남의 9월」이라는 수필을 발표하면서 두 번째의 문학적 침묵을 깨게 된다. 그러나 시작품의 경우 이보다 4개월 후인 1939년 1월호 『조광』지에 「거문고」를 발표한 것이 처음이다.16) 이것을 시작으로 하여 영

---

16) 1938년 10월호 『여성』지에 「가을」이 이미 발표된 바 있으나 이 시작품은 1930년 3월 『시문학』 창간호에 발표되었던 「누이의 마음아 나를 보아라」를 개제한 것이므로 제외하였다.

랑은 두 해 동안 15편의 시작품을 『여성』, 『조광』, 『문장』, 『인문평론』지에 발표하게 된다.17) 이들 잡지 중에서 『문장』지는 특별히 주목할 만하다. 문학 종합지였던 『문장』지의 창간호 편집자 이태준은 휘문의숙 1년 선배인 시인 정지용을 동지 2호에서부터 시 추천위원으로 위촉하였다. 그리고 정지용은 자신의 휘문고보 1년 선배인 영랑이 『문장』지에 시를 발표하도록 배려했던 것으로 추정된다. 영랑의 경우 『문장』지가 중요시될 만한 진정한 이유는 이 잡지에 발표된 3편의 시작품 「오월」, 「독을 차고」(이상 1939)와 「춘향」(1940)이 모두 이 시기 영랑의 대표작에 해당된다는 점이다.

1940년 9월에 발표한 「춘향」을 마지막으로 하여 영랑은 1946년 12월 10일자 ≪동아일보≫에 작품 「북」을 발표할 때까지 6년여의 오랜 침묵기에 다시 들어간다. 이 오랜 침묵은 영랑의 문학적 저항의 한 모습으로 해석될 수 있다. 영랑은 일제말 군국 파시즘 체제가 강요하였던 신사참배(1936)와 창씨개명(1939)을 끝까지 거부한 몇 안 되는 우리 문인 중의 한 사람이었다. 뿐만 아니라 당시 일제가 강요하였던 삭발을 끝까지 거부하였는가

---

17) 『여성』지는 1936년 4월에 조선일보사에서 창간되어 1940년 12월에 통권 57호로 종간된 여성 월간 잡지였다. 『조광』지는 1935년 11월에 역시 조선일보사에서 창간되어 1944년 5월에 통권 110호로 종간된 종합 잡지였다. 『문장』지는 1939년 2월에 창간되어 1941년 4월에 통권 26호로 종간된 문학 종합지로 2권 6호에서부터 이태준이 편집과 발행을 전담하였다. 『인문평론』지는 편집 겸 발행인 최재서가 1939년 10월에 창간하여 인문사에서 발간한 문학 잡지로 1941년 4월에 통권 16호로 종간되었다. 이 잡지는 같은 해 11월에 『국민문학』으로 이름이 바뀌어 발간된다.

하면, 국민복을 입지 않고 한복만 즐겨 입고 다니는 등 체제 저항적인 태도를 견지하였다. 영랑에게 있어서 이러한 저항적인 면모들이 가능했던 것은 그가 고향 강진 땅에 깊숙이 묻혀 지냈기 때문이라고 볼 수도 있다. 그러나 김기진, 박영희, 임화, 김남천, 한설야, 이기영 등 카프계 중심 인물들을 비롯하여 최남선, 이광수, 김억, 주요한, 김동인, 김동환, 채만식, 유진오, 노천명, 모윤숙, 최재서, 백철, 유치진, 김문집, 이태준, 임학수, 김용제 등 대다수의 이름 있는 우리 문인들이 친일 행각을 벌였던 일제말 배반의 시대에, 영랑은 끝까지 지조를 지켰던 시인이었다.18) 작품 「독을 차고」에는 영랑의 매서운 선비 정신이 잘 드러나 있다.

> 내 가슴에 독을 찬 지 오래로다
> 아직 아무도 해한 일 없는 새로 뽑은 독
> 벗은 그 무서운 독 그만 흩어 버리라 한다
> 나는 그 독이 벗도 선뜻 해할지 모른다 위협하고,
>
> 독 안 차고 살아도 머지않아 너 나 마주 가 버리면
> 누억 천만 세대가 그 뒤로 잠자코 흘러가고
> 나중에 땅덩이 모지라져 모래알이 될 것임을
> '허무한디!' 독은 차서 무엇 하느냐고?
>
> 아! 내 세상에 태어났음을 원망 않고 보낸

---

18) 『친일문학론』(1966)에서 임종국은 단 1편의 친일 문장도 남기지 않은 작가로 윤동주, 변영로, 오상순, 황석우, 이병기, 이희승, 조지훈, 박목월, 박두진, 박남수, 이한직, 홍사용, 김영랑, 이육사, 한흑구를 들고 있다.

어느 하루가 있었던가, '허무한디!', 허나
앞뒤로 덤비는 이리 승냥이 바야흐로 내 마음을 노리매
내 산 채 짐승의 밥이 되어 찢기우고 할퀴우라 내맡긴 신세임을

나는 독을 품고 선선히 가리라,
마감 날 내 깨끗한 마음 건지기 위하여

―『문장』10호, 123-124면

제3연에서 드러나 있듯이 화자의 깨끗한 마음을 호시탐탐 노리고 있는 이리와 승냥이는 일제하 어두운 시대 상황을 암유하고 있는 것이 분명하다.

이 작품보다 앞서 「감나무에 단풍 드는 전남의 9월」(1938)에서 영랑은 고산 윤선도의 시조와 다산 정약용의 유적지19) 등 우리의 전통 문화 유산에 대하여 깊은 관심을 표명한 바도 있다.

평지에서 바라다보아도 그 톱니 같은 산봉우리들 발 밑이 간지러운 월출산은 단풍의 불타는 골짜기로 째였고 그 천왕봉 구정봉에서는 논 문서를 올려다가 자식들 불러 나눠주고 천만대손손 막등월출산 하라고 유언하신 군자가 계신 만치 험한 곳이지요. 윤고산은 월출산 시조로 무던히 사랑했던 곳이요 그 산 뿌저리에 무위사 있고 오도자의 벽화가 절품입니다. 정다산이 계시던 백련사는 남쪽 구강 위에 우뚝 솟은 선경이요 죽도 앞에 매일 배 타고 일월을 보낸 다산의 늠름한 풍모를 그려볼 수 있나이다. 고래 수백 년이 강물 위를 배 타고 적소 참하신 한 많은 선비 얼마나 많았을

---

19) 『다산신계』에 따르면 정약용은 강진 읍내에서 8년, 다산에서 11년, 모두 18년간 유배 생활을 한 것으로 되어 있다.

까. 남병사영이던 병영평야에 경병사병의 조련 소리도 그치고 그 뒤의 수인산성도 가을 단풍만 곱습니다. 소속을 장흥과 다투는 동남의 천관산에 흰 수건 쓴 호랑이 백주에 돌아다니시고 그 산밑에 청자기 굽던 자리가 있습니다.

―『조광』 4권 9호, 112면

이 글이 발표된 1938년 당시 일본에서는 국가총동원령이 제정 공포되고, 한반도에서는 지원병제도가 실시되는가 하면 국민정신총동원조선연맹이 조직되는 등[20] 한반도 전체가 전시체제로 급박하게 휩쓸려 들어가고 있었다. 이 험난한 일제말 암흑기에 우리의 자랑스러운 산하와 유적과 선조들에 대하여 이처럼 공개적으로 애착을 표명한 것은 영랑이 기개와 용기 있는 선비 정신의 소유자였음을 말해 준다.

이 글에서 특히 주목되는 대목은 '남병사영이던 병영평야에 경병사병의 조련 소리도 그치'고 말았다는 부분이다. 이 구절 속에 국권 상실에 대한 영랑의 날카로운 인식이 반영되어 있는 것으로 보이기 때문이다. 강진군 병영면에는 '조선조 오백 년간 전라도 육군의 총지휘부였던 병영성'이 자리 잡고 있었고, 그 성 아래 펼쳐져 있는 넓은 병영평야는 당시 병사들을 조련하던 훈련장으로 사용되었던 곳이다.(『강진군마을사 : 병영면편』, 1991, 54) 영랑은 이 자리에서 군사력 상실이라는 우리의 비극적인 역사를 이야기함으로써 당시가 국권 상실의 시대임을 사람들

---

[20] 다음해에는 황국작가위문단(1939. 3. 14), 조선문인협회(1939. 10) 등이 결성된다.

에게 환기시키려고 했던 것 같다.
 영랑의 시와 산문 속에서 검출되고 있는 이러한 몇 가지 사실들은 일제말 암흑기 영랑의 오랜 침묵을 문학적 저항의 한 표현으로 해석하게 한다.

가족과 함께 찍은 사진
(자녀들의 복장으로 보아서 1940년경에 찍은 것으로 보인다.)

(7) 사회 참여기

　　1945년 8월 18일 해방을 맞이한 지 불과 3일 만에 좌익 진영의 문인들이 임화를 중심으로 하여 재빠르게 조선문화건설중앙협의회를 만들고 9월에는 이기영을 중심으로 전국프롤레타리아예술동맹을 결성하게 되자, 이들에 대항하여 민족 진영의 문필가들이 모여서 9월 8일 조선문화협회를 결성하기에 이르는 바, 여기에 참여한 문인은 영랑을 포함하여 변영로·오상순·박종화·이하윤·김광섭·오종식·김진섭·이헌구 등 20여 명이었다. 이 단체에 양주동·서항석·김환기·안석주·허영호·심재홍·유치진·서원출·이선근·오시영·조희순 등이 새로 참여하여 9월 중순경에 우익 민족문화 단체인 중앙문화협회를 결성하게 된다.

　　영랑은 1946년 2월 초에 조직된 대한독립촉성국민회21)의 강진군 선전부장과 청년단장을 맡는 등 적극적으로 사회 활동에 참여하기 시작한다. 그리고 그해 3월 중순에는 중앙문화협회를 중심으로 하여 결성된 전조선문필가협회 추천위원이 되었고, 4월에는 당시 공산당의 지령에 따라 움직이는 조선문학가동맹에 대항하여 우익 반공 민족 진영의 젊은 문학인들이 결성한 조선청년문학가협회 결성대회에서 '추대'로 뽑히는 등 해방 이

---

21) 1946년 2월 8일에 조직된 국민운동 단체로 이승만 중심의 독립촉성중앙협의회와 김구를 중심으로 한 신탁통치반대국민총동원중앙위원회가 통합하여 발족하였다. 이 단체는 범국민적인 반탁 운동, 미소공동위원회의 활동 반대, 좌익 운동의 봉쇄 등이 행동 목표였던 대표적인 우익 진영 단체였다.

후 문단 좌우 이데올로기의 첨예한 대립 속에서 민족 진영의 중진으로 활약하였다.

그의 나이 45세가 되던 1948년 5월에 영랑은 고향에서 제헌국회 초대 민의원 선거에 출마하였으나 낙선의 고배를 마신다. 그리고 그해 9월에 가산을 모두 정리하여 서울 성동구 신당동으로 이사를 함으로써 영랑은 고향살이 45년에 종지부를 찍게 된다.

10월 중순에 영랑은 전남 여수에 주둔하고 있던 국군 제14연대 소속 군인 일부가 일으킨 여순반란사건의 현장을 답사하고 그 만행에 오열하였다.[22] 시 「새벽의 처형장」(1948)에서 영랑은 여순반란사건의 만행을 다음과 같이 통렬하게 고발하고 있다.

> 새벽의 처형장에는 서리 찬 마의 숨길이 휙휙 살을 에웁니다
> 탕탕 탕탕탕 퍽퍽 쓰러집니다
> 모두가 씩씩한 맑은 눈을 가진 젊은이들 낳기 전에 이미 빼앗긴 태극기를 도로 찾아 3년을 휘두르며 바른길을 앞서 걷던 젊은이들
> 탕탕탕 탕탕 자꾸 쓰러집니다
> 연유 모를 떼주검 원통한 떼주검
> 마지막 숨이 다 저질 때에도 못 잊는 것은
> 하현 찬 달 아래 종고산 머리 나르는 태극기
> 오… 망해가는 조국 이 모습
> 눈이 차마 감겨졌을까요

---

[22] 이어령(1990)에 의하면 일행 중에는 영랑 이외에도 박종화, 이헌구, 정비석, 김송 등이 포함되어 있었다고 한다.

> 보아요 저 흘러내리는 싸늘한 피의 줄기를
> 피를 흠뻑 마신 그 해가 일곱 번 다시 뜨도록
> 비린내는 주검의 거리를 휩쓸고 숨 다 졌나니
> 처형이 잠시 쉬는 그 새벽마다
> 피를 씻는 물차 눈물을 퍼부어도 퍼부어도
> 보아요 저 흘러내리는 생혈의 싸늘한 피 줄기를

―《동아일보》, 1948. 11. 14

 1949년 2월 하순에 영랑은 문교부 예술위원회 문학위원으로 피선되었다. 그리고 8월에는 공보처 출판국장에 취임하여 출판문화의 확립에 노력하게 된다. 이 출판국장이 영랑의 생애에 있어서 유일한 공직 생활이었으나 겨우 8개월 동안 재직하고 이듬해 4월에 물러나게 된다. 출판국장 재직 시절에 영랑은 정지용의 거처23)를 몇 차례 찾아가 만나고자 했으나 번번히 거부당하고 돌아왔다고 한다. 이것은 영랑과 정지용 사이에 이때 이미 건널 수 없을 정도의 이념적인 심연이 가로놓여 있었음을 말해 준다.

 영랑의 문학적 생애에 있어서 1949년은 특기할 만한 해이다. 그해 봄에 영랑은 시인 서정주를 직접 찾아가서 그에게 자신의 시선집을 추려 주고 발문도 써 줄 것을 부탁하였다. 그 결과 10월 하순에 중앙문화사에서 『영랑시선』이 발간되기에 이른다. 이 시선집에는 『영랑시집』에서 고른 43편의 시작품에 새로 17

---

23) 이 거처는 녹번리 초당으로 알려져 있다. 김학동(1988, 479-480)에 의하면 정지용은 1948년 2월부터 1950년 7월경 납북될 때까지 그곳에서 지낸 것으로 되어 있다.

편이 추가되어 모두 60편이 실려 있는바, 그 중에서 「수풀 아래 작은 샘」과 「언 땅 한길」 2편만이 이곳에 처음으로 발표된 작품이었다. 이 해 11월 중순에 영랑은 한국문학가협회 중앙집행위원으로 추대된다.

1950년 3월부터 6월까지 영랑은 『문예』[24]지 시 추천인으로 위촉된다. 그 전해 8월에 창간된 이 순수 문예 잡지에서 시 추천은 서정주가 맡고 있었는데 유치환과 함께 영랑도 참여하게 된 것이다.

이 해 6월 한국전쟁이 터지자 미처 피난을 못 떠난 영랑은 서울에서 숨어 지내다가 9월 27일 서울 탈환 전투중에 날아온 유탄에 맞아 복부상을 입고 치료도 해 보지 못한 채 29일 사망하게 된다. 그의 나이 47세, 한참 더 일할 아까운 나이에 생을 마감하게 된 것이다. 「영랑의 일」(1962)에서 시인 서정주가 증언한 바와 같이 이것이 마음속으로 '시왕'[25]임을 자부하고 있던 순수 서정 시인 영랑이 맞이한 비극적인 최후였다. 영랑의 유해는 남산 기슭에 가매장되었다가 1954년 11월 중순 문인들에 의해 망우리 공동묘지로 이장되었다. 그로부터 36년의 기나긴 세월이 흐른 후인 1990년 3월 초에 부인 안귀련이 묻혀 있는 용인군 모현면 오산리 소재 용인 천주교 공원묘지로 다시 이장되어 영랑은 지금 그곳에 고이 잠들어 있다.

---

24) 창간 당시 발행인은 모윤숙이었고 편집인은 김동리였다.
25) 랭보가 보들레르를 이렇게 불렀다.

영랑의 묘소
(경기도 용인군 모현면 오산리 소재 용인 천주교 공원묘지 내에 있다.)

2

시세계의 변모

(1) 시작 활동의 세 단계

　우리 현대문학사에서 영랑 김윤식은 시문학파 시인, 순수 서정 시인, 음악 시인으로 널리 알려져 있다. 시인 영랑은 1930년 3월 『시문학』 창간호로 등단한 이후 1950년 9월 불행하게 생을 마감할 때까지 20년 남짓한 기간 동안에 모두 85편의 시작품과 15편의 산문을 발표하였다.26) 작품 연보에 의하면 영랑의 시작 활동은 크게 세 시기로 구분된다.

---

26) 이외에도 영랑은 번역시로 예이츠의 시 「하늘의 옷감」, 「이니스프리」 2편과 바이너트의 시 「도살자의 군대를 떠나라!」, 「히틀러에 대한 독일 병사」, 「병사들이여 이제는 아무 희망도 없다」를 「나치 반항의 노래」라는 제하에 묶어 발표하였다. 그러나 예이츠의 번역시 2편이 『박용철전집』 제1권(1939) 속에 실려 있는 번역시 형태와 차이가 없다는 점, 영랑이 이 전집 발간에 처음부터 깊이 관여하였다는 점 등을 고려할 때 예이츠의 시 2편을 실제로 번역한 사람은 박용철이었던 것으로 추정된다.

제1기는 1930년 3월부터 1935년 11월까지로 잡을 수 있다. 이 5년여 기간 동안에 영랑은 『시문학』과 『문학』지에 37편, 『영랑시집』에 17편 등 모두 54편의 시작품을 발표함으로써 그의 생애에 있어서 가장 왕성한 작품 창작 활동을 보여주었다. 그런데 이 기간 동안에 주목되는 것은 영랑이 1931년 11월부터 1933년 12월까지 2년 남짓한 기간 동안을 침묵하고 있었다는 점이다. 『시문학』 창간 동인이자 영랑의 절친한 벗 박용철이 1931년 11월에 순문예 종합지인 『문예월간』을 창간하여 이듬해 3월까지 4호나 발행하고 있었다. 그러나 처음부터 이 잡지의 편집 태도에 불만을 품고 있었던 영랑은 그곳에 단 한 편의 시작품도 발표하지 않았다. 이것은 시에 대한 영랑의 결벽증이 대단하였음을 말해 주는 증거의 하나가 된다.

　제1기에 영랑의 시작품들은 박용철이 발행하고 있었던 시잡지 『시문학』과 『문학』에 전적으로 의존하여 발표되었다. 이것은 1930년대 전반기에 영랑이 아직 『시문학』 동인의 차원에 머물러 있었음을 말해 준다. 1935년 11월 박용철에 의하여 『영랑시집』이 간행된 뒤에도 사정은 별로 달라진 것이 없었다. 『영랑시집』보다 1개월 전에 간행된 『정지용시집』이 당시 문단에서 매우 높은 인기를 끌고 있었던 데 반하여 『영랑시집』은 사람들의 관심을 거의 끌지 못하였다.(김영랑, 「인간 박용철」, 1939)

　제2기는 1938년 9월부터 1940년 9월까지 2년간에 걸치는바, 이 기간 동안에 영랑은 15편의 시작품과 10편의 산문을 발표하였다. 제1기와는 달리 이 시기에 영랑의 발표 지면은 『여성』, 『조광』, 『문장』, 『인문평론』, ≪조선일보≫, 『박용철전집』 등으로 확대되고 있다.27) 이전에 시작품만을 발표하던 영랑이 이 시기에 이르러 시와 더불어 산문도 발표하기 시작한다.

영랑은 1938년 9월호『조광』지에 발표한 첫 수필「감나무에 단풍 드는 전남의 9월」이후 1940년 5월호『여성』지에 실린「지용 형」과 그해 5월에 발간된『박용철전집』제2권의「보유」에 이르기까지 10편의 산문을 발표하였다.28) 영랑이 작품 발표를 재개한 1938년 9월은 영랑의 문학적 동반자이자 최대의 후원자였던 박용철이 병사한 지 3개월밖에 지나지 않은 시기였다. 오직 박용철에만 의존하여 시작품을 발표하고 시집도 간행한 바 있는 영랑이 박용철의 사후에야 비로소 문단에서 대접을 받기에 이른 것은 아이러니컬한 현상이라고 아니할 수 없다.

제3기는 1946년 12월부터 1950년 6월까지 3년 반 정도의 기간으로 이 시기에 영랑은 시작품 16편과 산문 5편을 발표하였다. 1949년 11월에는 서정주에 의하여『영랑시선』이 간행되었지만 이 시선집에 새로 발표된 작품은「언 땅 한길」과「수풀 아래 작은 샘」2편에 불과하고 나머지는 여러 지면에 이미 발표된 바 있는 작품들을 재수록한 것이었다.29) 이 시기는 영랑의 사회 참여기로 그의 적극적인 사회 활동이 문학적 성과로

---

27) 설문답이 실려 있는『시학』(1940. 1)지는 제외하였다.
28) 이 시기에「피서지 순례」(1938),「여백 문답」(1939),「내가 사숙한 시인」(1940),「여백 문답」(1940) 등 설문답들도 발표되었으나 글의 성격상 제외하였다.
29)『영랑시선』은『영랑시집』에 수록되었던 53편의 시작품들 중에서 43편이 선택되고 여기에 17편의 시작품이 새로이 추가되어 총 60편으로 구성되어 있다.

직접 연결되지는 못하였던 것 같다. 뒷날에 영랑 스스로도 "문학의 생리를 벗어난 일체의 행동은 자기의 문학을 그릇되게 하는 동인이 된다"(「신인에 대하여」, 1950)고 고백하였듯이 이것은 영랑의 삶과 문학의 괴리가 빚어낸 결과였다고 할 것이다.

모두 3기로 구분되는 영랑의 시세계를 적절하게 이해하기 위해서는 무엇보다 먼저 작품 발표 시기에 주목할 필요가 있다. 영랑이 자신의 시작품에 대하여 지나칠 정도로 결벽증을 보이고 있었다는 점을 고려할 때30) 영랑의 시세계를 해명할 수 있는 열쇠의 하나가 작품 발표 시기의 세밀한 검토에서도 찾아질 수 있을 듯하다. 이러한 판단에서 우리는 영랑의 문학 활동에 있어서 몇 차례 침묵과 재출발을 알리는 작품들에 특별히 주목하게 된다.

(2) 제1기 : '찬란함과 슬픔'의 순수 서정 세계

영랑의 초기시들은 대체로 화자의 마음 상태를 표현하는 데 집중되어 있다. 영랑은 화자의 마음속에서 일어나는 정서의 미세한 파동을 포착하여 제시하는 데 명수였다. 박용철도 「병자시단의 일년 성과」(1936)라는 글에서 영랑이 예외적인 "한 순간

---

30) 『박용철전집』 2권(1940, 317)에는 다음과 같은 구절이 나온다.

    형의 결벽이랄까에 대한 항의. 한번 퇴고를 하면 그 전 형이 남에게 남아 있는 것도 불만히 여기면 자기 광 중의 구고까지도 소각해 버리는(…)

을 표현하기 위하여 그 감동을 언어로 변형시키기 위하여 사신적(捨身的) 노력"을 경주한다고 평한 바 있다.(『박용철전집』 2, 108) 『시문학』 창간호의 첫머리를 장식하고 있는 다음 작품은 영랑 초기시의 특성을 여러모로 대표할 만하다.

   내 마음의 어딘 듯 한편에 끝없는 강물이 흐르네
   돋쳐 오르는 아침 날빛이 빤질한 은결을 돋우네
    가슴엔 듯 눈엔 듯 또 핏줄엔 듯
    마음이 도른도른 숨어 있는 곳
   내 마음의 어딘 듯 한편에 끝없는 강물이 흐르네
                  ─『시문학』, 1930. 3, 4면

 매우 정제된 시 형태를 보여주고 있는 이 작품에서 우리는 우선 경쾌한 운율감을 느끼게 된다. 이 운율감은 영랑이 그의 작품에서 미적 완성도를 성취하기 위하여 시어를 적절하게 사용한 결과라고 할 수 있다. 작품의 중심 내용을 이루고 있는 화자의 즐거운 마음 상태는 아침 햇살에 반짝이는 은결에 비유되어 있다. 화자는 그의 마음이 흘러 나오는 장소가 자신의 몸 속 어느 곳인가 정확하게 잡아내기 어렵다고 말한다. 몸 속 어디엔가 깊은 곳으로부터 흘러 나오는 화자의 즐거운 마음 상태는 매재로 사용되어 있는 강물과 은결의 동적인 이미지에 묻혀서 쉽게 파악되지 않는다. 이와 같이 이 작품에는 봄날 아침 햇살에 빛나는 동백잎을 바라보면서 화자가 느끼는 즐거운 마음 상태가 적절하게 표현되어 있다. 이 점은 작품의 제목이 「동백잎에 빛나는 마음」으로 되어 있다는 사실을 고려할 때 쉽게 확인된다. 이 작품에서 화자가 느끼는 즐겁고 기쁜 마음 상태는 문단 등단 시절에 영랑이 갖고 있었던 희망에 부푼 마음 상태가 투영된 것이라고 할 수 있다.
    화자의 즐거운 마음 상태는 『시문학』 제2호의 첫 작품인 「내 마음 고요히 고운 봄 길 위에」로 이어진다.

>돌담에 속삭이는 햇발같이
>풀 아래 웃음짓는 샘물같이
>내 마음 고요히 고운 봄 길 위에
>오늘 하루 하늘을 우러르고 싶다
>
>새악시 볼에 떠오는 부끄럼같이
>시의 가슴을 살포시 젖는 물결같이
>보드레한 에메랄드 얇게 흐르는
>실비단 하늘을 바라보고 싶다

—『시문학』, 1930. 5, 13면

    봄을 맞은 화자의 즐거운 마음 상태를 표현하고 있다는 점에서 이 시 역시 앞의 「동백잎에 빛나는 마음」과 동일한 계열의 작품으로 분류될 수 있다. 그러나 앞의 시가 화자가 느끼는 마음의 미세한 파동 자체에 초점을 맞추고 있다면, 이 작품은 아름다운 봄 하늘을 동경하고 있는 화자의 고요한 마음 상태를 표현하고 있다는 점에서 서로 다르다. 만물이 생동하는 화창한 봄날을 맞이하여 길에 나선 화자가 이상 세계를 동경하게 되는 것은 매우 자연스러운 일이다. 화자가 지향하는 이상 세계는 제2연의 제3행과 제4행에서 "보드레한 에메랄드 얇게 흐르는 / 실비단 하늘"로 구체화되어 있다. 촉각과 시각의 결합에 의한 공감각적 이미지가 매우 빛나는 이 부분은 내용상 이 작품의 중심부에 해당된다. 그런데 제3행은 유성자음 'ㄹ', 'ㄴ'과 모음들의 반복 구조에 의하여 매우 부드러운 운율 효과를 생성하고 있어 형태상으로도 이 작품의 전환부가 되고 있다. 이렇게 볼 때 이 시행은 영랑 시에서 운율과 의미 내용이 행복하게 일치되는 대표적인 예의 하나로 주목될 만하다.31)

영랑의 초기시에서 발견되는 밝은 시세계는 영랑 시의 특징 중 하나를 이루고 있다. 그러나 영랑의 초기시에서 어두운 색조를 띠고 있는 작품들이 더 많다는 사실 또한 간과되기 어렵다. 「원망」과 「가늘한 내음」은 이러한 경향을 대표하는 초기 작품들이다.

'바람이 부는 대로 찾아가오리'
홀린 듯 기약하신 님이시기로
행여나! 행여나! 귀를 종금히
어리석다 하심은 너무로구려

문풍지 설움에 몸이 저리어
내리는 함박눈 가슴 해어져
헛 보람! 헛 보람! 몰랐으료만
날더러 어리석단 너무로구려

—『시문학』, 1930. 3, 11면

---

31) 이 작품의 각 연에서 기승전결 구성 방식과 각운의 반복 구조도 주목될 만하다.

「원망」은 『시문학』 창간호에 발표된 영랑의 시 13편 중에서 마지막 자리에 배치되어 있는 작품이다. 창간호의 첫 작품인 「동백잎에 빛나는 마음」이 매우 밝은 시세계를 보여주고 있는 반면에 마지막 작품인 이 시는 어두운 색조를 주조로 하고 있다. 영랑의 이러한 대조적인 작품 배치 방식은 『시문학』 제2호에서도 그대로 지속되고 있다. 『시문학』 제2호의 첫 작품인 「내 마음 고요히 고운 봄 길 위에」의 세계는 매우 밝지만 마지막 작품 바로 앞에 위치하고 있는 「가늘한 내음」의 세계는 상당히 어두운 편이다. 이것은 문단 등단 초기에 영랑이 자신의 작품을 배치하는 데 있어서까지 매우 세심하게 배려하고 있었다는 것을 의미한다.

  시 「원망」에는 찾아오겠다고 기약을 한 님이 행여나 찾아오지 않을까 하여 마냥 기다리고 있는 가련한 여인이 등장한다. 이제 여인은 문풍지 떨리는 소리와 함박눈 쌓이는 소리에도 몸이 저리고 가슴이 해어질 정도로 기다림에 지쳐 있다. 여인은 자신의 간절한 기다림이 '헛 보람'이라는 사실을 모르지 않으면서도 그 기다림을 포기하지 않는다. 그런데도 님을 기다리는 자신의 간절한 마음을 어리석다고 하니 님이 너무 야속하고 원망스럽다는 것이다. 님을 원망하는 화자의 목소리가 각 연의 마지막 시행에서 반복됨으로써 의미가 심화되고 있다. 이와 같이 작품 「원망」에는 찾아오지 않는 님을 기다리고 있는 동양 전통적인 여인의 슬픔과 한이 잘 드러나 있다. 이 점에서 「원망」은 김소월의 시들과 동일한 계열의 작품으로 분류될 수 있을 것이다.[32]

  작품 「가늘한 내음」의 세계 역시 상당히 어두운 편이다.

내 가슴속에 가늘한 내음
　　애끈히 떠도는 내음
　　저녁 해 고요히 지는 제
　　머-ㄴ 산허리에 슬리는 보랏빛

　　오! 그 수심 뜬 보랏빛
　　내가 잃은 마음의 그림자
　　한 이틀 정열에 뚝뚝 떨어진 모란의
　　깃든 향취가 이 가슴 놓고 갔을 줄이야

　　얼결에 여읜 봄 흐르는 마음
　　헛되이 찾으려 허덕이는 날
　　뻘 위에 철썩 갯물이 놓이듯
　　얼컥 이-는 훗근한 내음

　　아! 훗근한 내음 내키다마는
　　서어한 가슴에 그늘이 도나니
　　수심 뜨고 애끈하고 고요하기
　　산허리에 슬리는 저녁 보랏빛

　　　　　　　　　　　—『시문학』, 1930. 5, 16-17면

　지금 화자의 가슴속에는 가늘고 간절한 냄새가 떠돌고 있다.[33] 이 냄새는 현재의 냄새가 아니다. 지나간 봄날에 피었던

---

32) 초기시들 중에서 우리의 전통적인 소재를 다룬 작품으로는 「제야」(1930)를 비롯하여 「불지암 서정」(1934), 「강선대 돌바늘 끝에」, 「사개 틀린 고풍의 툇마루에」, 「두견」(이상 1935) 등이 있다.
33) 영랑의 시어에 대한 풀이는 허형만(1996)이 비교적 상세하다.

모란꽃의 향기로운 냄새가 아직도 화자의 가슴속에 남아 있는 듯이 느껴지는 것일 뿐이다. 이미 잃어버린 봄과 마음을 되찾으려고 애쓰던 어느 날 화자는 옛날의 후끈한 모란꽃 냄새를 '얼컥' 느끼게 된다. 향기로운 옛날의 냄새를 다시 느끼게 됨에도 불구하고 화자의 가슴에는 그늘이 돈다. 이 그늘은 얼떨결에 봄을 잃은 화자의 서운한 마음 때문에 생긴 것으로 보인다. 그런데 화자는 그 서운한 마음의 그림자를 먼 산허리에 스러지는 저녁 보랏빛과 동일시하고 있다. 화자의 마음과 저녁 보랏빛은 "수심 뜨고 애끈하고 고요"하다는 점에서 서로 일치한다. 이곳에서 우리는 풍경과 마음의 일치 현상을 발견하게 된다. 이 풍경과 마음의 일치 현상은 해방 이후에 발표된 작품「놓인 마음」에서도 반복되고 있다.34)

> 가을날 땅거미 아름풋한 흐름 위를
> 고요히 실리우다 훤뜻 스러지는 것
> 잊은 봄 보랏빛의 낡은 내음이뇨
> 이미 사라진 천리 밖의 산울림
> 오랜 세월 시닷긴 으스름한 파스텔
>
> 애달픈 듯한
> 좀 서러운 듯한
> 오… 모두 다 못 돌아오는
> 먼- 지난날의 놓인 마음
>
> ―『신천지』, 1948. 10, 74면

---

34) 작품 말미에 '구시첩에서'라고 적혀 있는 것으로 보아 이 작품 역시 1930년대 전반기에 창작되었을 가능성이 크다.

이 작품에서 '보랏빛의 낡은 내음', '사라진 산울림', '으스름한 파스텔' 등은 모두 "먼- 지난날의 놓인 마음"을 비유하는 이미지들이다. 이들 이미지는 모두 경계가 분명하지 않다는 데 공통점이 있다. 따라서 이들 이미지는 화자의 아스라한 마음 상태를 효과적으로 표현하는 데 적절한 것으로 이해된다.

「가늘한 내음」에서 영랑은 화자의 서운한 마음 상태를 중간 색채인 보랏빛으로 비유하여 표현해 낼 정도로 날카로운 언어 감각을 보여주고 있다. 영랑의 언어 감각은 부사의 적절한 사용에서 더욱 빛을 발휘한다. 제3연의 두 시행 "뻘 위에 철썩 갯물이 놓이듯/얼컥 이-는 훗근한 내음"에서 시인은 '철썩'과 '얼컥'이라는 부사를 이웃에 배치해 놓음으로써 이미지를 뚜렷하게 제시하는 동시에 역동적인 운율 효과를 창출하고 있다.[35]

이 작품에 나타나 있는 바 봄을 잃고 서운해 하는 화자의 모습은 명편 「모란이 피기까지는」(1934)으로 이어진다. 제2연의 "한 이틀 정열에 뚝뚝 떨어진 모란의/깃든 향취가 이 가슴 놓고 갔을 줄이야"라는 상실의 이미저리가 「모란이 피기까지는」의 두 시행 "모란이 뚝뚝 떨어져 버린 날/나는 비로소 봄을 여읜 설움에 잠길 테요"에서 다시 반복되고 있는 것이다.

제1기에 집중적으로 발표되었던 영랑의 4행시 29편 대부분에서도 어두운 색조가 지배하고 있다.

    빈 포케트에 손 찌르고 폴 베를렌-느 찾는 날

---

35) 이들 두 시어의 각 음절에서 '얼'과 '억'이 동일하게 반복되는 현상 또한 주목될 만하다.

온몸은 흐렁흐렁 눈물도 찔끔 나누나
오! 비가 이리 쭐쭐쭐 내리는 날은
서런 소리 한 천 마디 썼으면 싶어라

―『시문학』, 1931. 10, 18면

 프랑스 상징주의 시인 베를렌느가 등장하고 있다는 점에서 이 4행시는 영랑이 베를렌느를 수용하였다는 구체적 증거의 하나로 자주 인용되어 오고 있는 작품이다. 비가 끊임없이 내리는 어느 날 화자는 까닭 없이 눈물을 흘리고 서러움도 느낀다. 화자는 이 서러운 마음 상태를 시로 쓰고 싶다는 것이다. 그런데 이 작품에서 비 내리는 분위기는 화자가 느끼고 있는 서러운 마음 상태를 암시해 주고 있다. 영랑의 시작품들에서 자주 검출되고 있는 풍경과 마음의 일치 현상이 이 작품에서도 발견된다. 시 방법은 풍경과 영혼의 일체36)를 시적 특징으로 하는 베를렌느에 원천을 두고 있는 것으로 보인다. 이러한 우리의 해석을 뒷받침하여 주는 또 다른 작품으로 「마당 앞 맑은 새암을」(1935)이 주목된다. 이 작품의 마지막 연 "마당 앞 / 맑은 새암은 내 영혼의 얼굴"이라는 부분에서 영랑은 샘을 영혼의 얼굴에 비유하고 있는데 이것이 바로 베를렌느의 풍경과 영혼의 일체 방식에 해당된다.
 「모란이 피기까지는」은 영랑의 초기시들에 자주 나타나는 밝음과 어두움이라는 이질적인 두 세계를 하나로 통합하여 높

---

36) G. Michaud(1947), p. 115. 그리고 랭세(1984, 195)도 이 풍경과 영혼 사이의 상관 관계에 주목한 연구자이다.

은 시적 성취를 이룩한 대표작이다. 등단한 지 불과 4년 만에 발표한 이 작품 하나로 영랑은 우리 현대시문학사에 뚜렷한 자리를 확보하게 된다.

> 모란이 피기까지는
> 나는 아직 나의 봄을 기다리고 있을 테요
> 모란이 뚝뚝 떨어져 버린 날
> 나는 비로소 봄을 여읜 설움에 잠길 테요
> 오월 어느 날 그 하루 무덥던 날
> 떨어져 누운 꽃잎마저 시들어 버리고는
> 천지에 모란은 자취도 없어지고
> 뻗쳐오르던 내 보람 서운케 무너졌느니
> 모란이 지고 말면 그뿐 내 한 해는 다 가고 말아
> 삼백예순날 하냥 섭섭해 우옵네다
> 모란이 피기까지는
> 나는 아직 기다리고 있을 테요 찬란한 슬픔의 봄을
> ―『문학』, 1934. 4, 10면

이 작품에서 화자가 느끼는 기쁨과 슬픔은 서로 교차되면서 결국 어느 한쪽으로 기울지 않는 정서적 균형 감각을 유지한다. 모란꽃이 피는 자연 현상은 화자에게 기쁨을 주게 되지만 모란꽃이 지는 현상은 화자에게 슬픔과 절망을 안겨 준다. 그리고 모란꽃이 피어 있는 기간은 1년 중 겨우 며칠 동안에 불과하지만 나머지 대부분의 기간은 모란꽃이 떨어져 시들어 사라져 버린 허망한 시간이다.37) 모란꽃이 사라져 버린 기간이 아무리 길고 고통스럽다고 하더라도 화자가 그 고통을 참고 견디어 낼 수 있는 것은 이듬해 봄 모란꽃이 다시 필 때 느끼게 될 '찬란한' 기쁨을 벌써부터 예상하고 있기 때문일 것이다.38) 화자가 참기 어려운 슬픔을 적절하게 통제하여 마음의 평정을 유지할 수 있는 요체가 바로 여기에 있는 것 같다.

대부분의 영랑 초기시들에서 봄은 화자에게 기쁨의 계절이 아니면 슬픔의 계절로 인식되고 있다. 그러나 「모란이 피기까지는」에 와서 봄은 모란꽃이 피는 계절인 동시에 모란꽃이 지는 계절로서 기쁨과 슬픔이 함께 공존하는 총체적 대상으로 인식되기에 이른다. 이것은 영랑이 초기시에서부터 이미 정서적 균형 감각에 도달하고 있었다는 것을 의미한다.

사실 화자가 느끼는 슬픔과 기쁨이라는 서로 상반되는 두 가지 정서는 등단 초기에 발표된 영랑의 작품들에서 이미 부분적으로 나타나고 있다.

> 언덕에 바로 누워
> 아슬한 푸른 하늘 뜻없이 바래다가
> 나는 잊었습네 눈물 도는 노래를
> 그 하늘 아슬하여 너무도 아슬하여
>
> 이 몸이 서러운 줄 미리서 알았거니
> 마음의 가는 웃음 한때라도 없더라냐

---

37) 김준오는 「비가적 세계와 순수 자아」(1983)라는 논문에서 '지속과 순간의 두 시간 양상'을 이 작품의 기본 구조로 파악한 바 있다.
38) 이 기다림의 정서는 『시문학』 제3호 첫머리에 실려 있는 박용철의 작품 「선녀의 노래」 제사로 인용되어 있는 키이츠의 시 한 구절 "눈물짓지마 눈물짓지마 / 꽃은 새해에 다시 피려니"와 관련될 수 있을 듯하다.

아슬한 하늘 아래 귀여운 맘 질기운 맘
내 눈은 감기었데 감기었데

—『시문학』, 1930. 3, 5면

사람의 온 꿈이 모조리 실리어 간
하늘가 닿는 데 기쁨이 사신가

고요히 사라지는 구름을 바래자
헛되나 마음 가는 그곳뿐이라

눈물을 삼키며 기쁨을 찾노란다
허공은 저리도 한없이 푸르름을

엎디어 눈물로 땅 위에 새기자
하늘가 닿는 데 기쁨이 사신다

—『시문학』, 1930. 5, 18면

 앞의 작품「언덕에 바로 누워」의 경우, 언덕에 누워 푸른 하늘을 바라보고 있는 화자는 슬픈 노래를 부른 바 있고 자신이 서러운 존재라는 사실도 이미 알고 있다. 그러나 그의 '눈물'과 '서러움'은 '한때의 웃음'과 현재의 '귀여운 맘 질기운 맘'에 의하여 극복된다. 한편, 뒤의 작품「하늘가 닿는 데」에서 화자는 푸른 하늘가를 쳐다보면서 그곳에 기쁨이 살고 있다고 확신한다. 기쁨에 대한 이 확신이 현재의 그로 하여금 '눈물'을 삼키며 '기쁨'을 찾고자 애쓰게 만든다. 이와 같이 화자는 기쁨이 하늘가에 살고 있다고 믿음으로써 현재 자신의 슬픔을 극복하게 되는 것이다. 이 두 작품은「모란이 피기까지는」에서 영랑이 도달하게 되는 시정신의 균형 감각이 1930년대 초 그의 등단기에 이미 배태되고 있었음을 보여주고 있다.

영랑의 초기시에서 「청명」(1935)은 매우 주목할 만한 작품 가운데 하나이다. 작품 번호 53으로 『영랑시집』의 맨 마지막 자리에 배치되어 있는 점으로 미루어 보아 우선 이 작품은 영랑의 초기시 중에서 가장 늦게 창작되었을 가능성이 크다. 물론 시 형태가 긴 작품이기 때문에 시집의 마지막 부분에 배치되었을 가능성 또한 배제하기 어렵다. 그러나 이 작품보다 시행이 좀더 길고 시행 수도 더 많은 「두견」이 「청명」의 바로 앞 자리에 배치되어 있다는 점은 결코 예사롭지 않다. 이 경우, 「두견」의 세계가 상당히 어두운 편인 반면에 「청명」의 세계는 매우 밝다는 점에 주목할 필요가 있다. 시세계가 매우 밝다는 점에서 「청명」은 『영랑시집』의 첫 번째 작품인 「동백잎에 빛나는 마음」과 서로 짝을 이루기에 적절하였을 것 같다. 이러한 방식으로 『영랑시집』을 배치하게 된 데에는 영랑의 의도가 어느 정도 작용하였을 것으로 짐작된다.

> 호르 호르르 호르르르 가을 아침
> 취여진 청명을 마시며 거닐면
> 수풀이 호르르 벌레가 호르르르
> 청명은 내 머리 속 가슴 속을 젖어 들어
> 발끝 손끝으로 새어 나가나니
>
> 온 살결 터럭 끝은 모두 눈이요 입이라
> 나는 수풀의 정을 알 수 있고
> 벌레의 예지를 알 수 있다

그리하여 나도 이 아침 청명의
가장 고웁지 못한 노래꾼이 된다

수풀과 벌레는 자고 깨인 어린애
밤새워 빨고도 이슬은 남았다
남았거든 나를 주라
나는 이 청명에도 주리나니
방에 문을 달고 벽을 향해 숨쉬지 않았느뇨

햇발이 처음 쏟아 오아
청명은 갑자기 으리으리한 관을 쓴다
그 때에 토륵 하고 동백 한 알은 빠지나니
오! 그 빛남 그 고요함
간밤에 하늘을 쫓긴 별살의 흐름이 저러했다

온 소리의 앞 소리요
온 빛깔의 비롯이라
이 청명에 포근 축여진 내 마음
감각의 낯익은 고향을 찾았노라
평생 못 떠날 내 집을 들었노라

—『영랑시집』, 작품 번호 53

경쾌하게 반복되는 호반새의 울음 소리로 시작되는 이 작품은 그에 걸맞게 내용 또한 매우 밝고도 아름답다. 가을 아침에 청명을 들이마시면서 길을 거니는 화자는 어느새 청명에 흠뻑 취하여 그것과 혼연일체가 되어간다. 그리하여 화자의 모든 감각은 눈을 뜨고 입을 벌려 자연의 오묘한 신비를 알 수 있는 경지에 다다르게 되고 결국 화자는 청명의 노래꾼이 될 수밖에 없는 것이다. 그런데 햇살이 쏟아지기 시작하여 찬란하게 빛날 때 화자는 동백 한 알이 빠져 쏟아지는 소리를 우연히 듣게 된다. 그는 동백 한 알이 빠지는 고요한 소리와 그 알맹이의 까만 빛깔에서 대자연의 원초적 신비를 감지하게 된다.39) 이렇게 자연과 인간이 완전히 일체가 된 세계, 그 속에서 화자의 마음은 자신의 진정한 고향을 찾게 되는 것이다. 일찍이「시와 감상」(1938)에서 정지용은 이 작품을 논의하던 중에 자신의 "평필을 던지고 독자로서 시적 법열에 영육의 진감을 견디는 외에 아무 발음이 있을 수 없다"(『정지용전집』 2, 264)고 탄성을 지른 바 있다. 시인 정지용의 고백과 같이 인간과 자연이 '완전 일치한 협주'를 이 작품보다 더 깊이 있게 탐구해 나간 예는 찾아보기 어렵다.「청명」은 영랑의 시작품들 중에서 물아일체의 순수 서정 세계를 보여준 대표작이라고 할 만하다.

(3) 제2기 : 산문의 시대 혹은 민족주의적 저항 세계

영랑의 제2기 문학 활동은 1938년부터 1940년까지 2년 정도 지속된다.『영랑시집』(1935)을 발간한 이후 거의 3년 동안 영랑은 단 한 편의 시작품도 발표하지 않고 침묵으로 일관하였다.

---

39) 이 내용은 훗날「감나무에 단풍 드는 전남의 9월」에서 다시 반복되고 있다.

달빛이 희고 이슬이 빛나는데 토록 하는 동백 한 알, 천지의 오묘하고 신비함이 이 밤 그 나무 그늘 밑에 있는 듯싶습니다.

— 『조광』, 1938. 9, 110면 —

이 긴 침묵은 그의 친우 박용철이 지병으로 사망한 지 4개월째 되는 1938년 9월에 이르러서야 비로소 깨어진다. 그 첫 작품이 바로 산문인 「감나무에 단풍 드는 전남의 9월」이다. 이후 영랑은 수필 6편, 박용철에 관한 회고담류 3편, 정지용에게 보낸 서한문 1편 등 모두 10편의 산문을 발표하게 된다. 이 시기에 이르러 영랑 시에는 그의 초기시를 지배하고 있던 4행시류의 단형시가 사라지고 「춘향」과 같이 장형화된 작품들이 나타나는 등 형태상의 변화가 본격화된다.[40] 이와 같이 산문과 시의 장형화 현상이 공존하고 있던 이 시기를 우리는 영랑 문학에 있어서 산문의 시대라고 부르고자 한다.

「거문고」는 제2기에 발표된 첫 번째 시작품이다.

    검은 벽에 기대 선 채로
    해가 스무 번 바뀌었는데
    내 기린은 영영 울지를 못한다

    그 가슴을 퉁 흔들고 간 노인의 손
    지금 어느 끝없는 향연에 높이 앉았으려니
    땅 위의 외론 기린이야 하마 잊혀졌을라

    바깥은 거친 들 이리 떼만 몰려다니고
    사람인 양 꾸민 잔나비 떼들 쏘다니어
    내 기린은 맘 둘 곳 몸 둘 곳 없어지다

---

[40] 시의 장형화 현상은 「불지암 서정」(1934), 「두견」(1935)과 같은 제1기의 작품들에서 이미 시작되고 있다.

문 아주 굳이 닫고 벽에 기대 선 채
해가 또 한 번 바뀌거늘
이 밤도 내 기린은 맘놓고 울들 못한다

—『조광』, 1939. 1, 235면

　화자는 벽에 기대 서 있는 자신의 거문고를 20년이 넘도록 한 번도 울지 못하는 상서로운 동물인 기린에 비유하고 있다. 거문고를 뜯던 옛 주인은 저승으로 떠난 지 이미 오래되었고 새 주인이 된 화자는 거문고를 뜯을 만한 흥겨운 시절을 아직 맞이하지 못하였다. 연주자를 잃어버리게 된 거문고는 이제 외로운 신세로 전락하여 방 한 귀퉁이에 버려져 하염없이 세월만 보내고 있는 것이다. 더구나 방밖의 거친 들판에는 이리 떼와 잔나비 떼들이 몰려다니는 살벌한 상황이라서 방안에 있는 거문고까지도 마음과 몸을 둘 곳조차 없음을 느낀다. 여기에 거문고가 문을 굳게 닫고 벽에 기대 선 채로 이 밤에도 마음 놓고 울지 못하는 이유가 있는 것이다. 화자의 거문고 연주는 행복한 축제의 시절이 올 때에 비로소 가능하겠지만 그 시절은 아직 올 기미조차 느껴지지 않아서 화자는 안타까워할 뿐이다.
　이 작품은 방안의 기린을 방밖의 이리 떼와 잔나비 떼에 대비시켜 놓음으로써 자신을 지키려는 화자의 의지를 암시적으로 표현하고 있다. 외부의 폭력으로부터 자신의 몸과 마음을 지키고자 안간힘을 쓰는 화자의 모습은 그로부터 10개월 후에 발표된 작품「독을 차고」에서 더욱 구체화되고 있다.

내 가슴에 독을 찬 지 오래로다
아직 아무도 해한 일 없는 새로 뽑은 독
벗은 그 무서운 독 그만 흩어 버리라 한다
나는 그 독이 벗도 선뜻 해할지 모른다 위협하고,

독 안 차고 살아도 머지않아 너 나 마주 가 버리면
누억 천만 세대가 그 뒤로 잠자코 흘러가고
나중에 땅덩이 모지라져 모래알이 될 것임을
'허무한디!' 독은 차서 무엇 하느냐고?

아! 내 세상에 태어났음을 원망 않고 보낸
어느 하루가 있었던가, '허무한디!', 허나
앞뒤로 덤비는 이리 승냥이 바야흐로 내 마음을 노리매
내 산 채 짐승의 밥이 되어 찢기우고 할퀴우라 내맡긴 신세임을

나는 독을 품고 선선히 가리라,
마감 날 내 깨끗한 마음 건지기 위하여
—『문장』, 1939. 11, 123-124면

  이 작품에서 화자는 자신의 가슴속에 무서운 독을 차고 살아온 지가 오래되었다고 말한다. 그는 '새로 뽑은' 그 무서운 독이 벗도 해할지 모른다고 위협한다. 그의 벗은 화자의 이러한 극단적인 태도가 아주 무모한 짓임을 환기시키지만 그럼에도 불구하고 화자는 앞뒤로 덤비는 이리와 승냥이들로부터 자신의 '깨끗한 마음'을 지키기 위하여 독을 품고 살아가겠다는 것이다. 죽음을 눈앞에 두고 있는 절망적인 상황 속에서도 결코 좌절하지 않고 자신의 '깨끗한 마음'을 지켜 내기 위하여 독

을 차는 화자의 결연한 모습에서 우리는 1930년대 말의 어두운 식민지 시대를 살아가는 시인 영랑의 실존적 고통과 그 고통을 극복해 내고자 하는 강인한 의지를 발견하게 된다.41) 이 작품에서 영랑이 보여주고 있는 높은 기개는 같은 해 3월에 발표된 정지용의 작품 「장수산 1」(1939)의 마지막 구절 "오오 견디란다 차고 올연히 슬픔도 꿈도 없이 장수산 속 겨울 한밤 내―"의 정신적 경지와 일치하고 있다.

당시 영랑의 각오가 매우 비장하였다는 사실은 바로 그 다음달에 발표된 작품 「묘비명」을 통해서도 확인된다.

> 생전에 이다지 외로운 사람
> 어이 해 뫼 아래 빗돌 세우오
> 초조론 길손의 한숨이라도
> 헤어진 고총에 자주 떠오리
> 날마다 외롭다 가고 말 사람
> 그래도 뫼 아래 빗돌 세우리
> '외롭건 내 곁에 쉬시다 가라'
> 한 되는 한마디 색이실란가
>
> ―『조광』, 1939. 12, 73면

외롭게 살다가 죽어 갈 자신의 한이 맺힌 묘비명을 미리 생

---

41) 1980년대 대표적인 영랑 연구자 김학동(1981, 272)은 "내 깨끗한 마음"이라는 구절을 영랑의 민족 관념으로 파악하고, 영랑이 사회 현실로 눈을 돌려 자아를 확대하고 삶을 회의하기 시작하는 시적 전환점을 이룬 작품으로 이 시를 중시하였다.

각해야만 하는 화자에게서 우리는 일제말 암흑기에 죽음을 각오하고 시를 써야 했던 영랑의 내적 고뇌를 감지하게 된다. 만 36세의 젊은 나이에 시인 영랑이 자신의 묘비명을 생각하고 있었다는 사실은 재삼 음미할 필요가 있다.42)

영랑의 제2기 시작품들이 모두 어두운 세계로 되어 있었던 것만은 아니다. 이 시기에 발표된 작품 「오월」은 아주 밝은 시세계를 보여주고 있다.

> 들길은 마을에 들자 붉어지고
> 마을 골목은 들로 내려서자 푸르러졌다
> 바람은 넘실 천 이랑 만 이랑
> 이랑 이랑 햇빛이 갈라지고
> 보리도 허리통이 부끄럽게 드러났다
> 꾀꼬리는 여태 혼자 날아 볼 줄 모르나니
> 암컷이라 쫓길 뿐
> 수놈이라 쫓을 뿐
> 황금 빛난 길이 어지럴 뿐
> 얇은 단장하고 아양 가득 차 있는
> 산봉우리야 오늘 밤 너 어디로 가 버리런?
> ―『문장』, 1939. 7, 139면

시인은 5월의 아름다운 들판 풍경을 다양한 이미지들로 생생하게 그려 내고 있다. 붉은빛을 띤 마을 골목이 곧바로 푸른 들길로 이어져 있다는 표현 방식은 매우 예리하다. 지금 푸른

---

42) 화자의 이러한 생각은 「한줌 흙」(1940)에서도 지속되고 있다.

들판에는 바람이 불고 있으며 바람결에 휩쓸리고 있는 수많은 보리 이랑들이 햇살에 갈라져 마치 물결치는 듯하다. 이 출렁이는 보리밭 물결 속에서 보릿대들이 허리통을 부끄럽게 드러내기까지 한다.43) 여기에 이제까지 혼자서는 날지 않던 황금 꾀꼬리 한 쌍이 춘정을 못 이겨서 이리 쫓고 저리 쫓기며 어지럽게 날고 있다. 이 아름다운 봄 풍경 속에서 산봉우리 또한 예쁘게 단장을 하고 아양 가득 찬 여인과 같이 오늘 밤 어디론가 떠날 채비를 하고 있는 듯이 화자에게 느껴진다. 이와 같이 작품「오월」은 5월의 아름다운 들판 풍경과 그 속에서 일어나는 초탈하고 싶은 화자의 욕망을 감각화하여 눈에 선하게 제시해 놓은 밝고도 아름다운 작품이다.

이 작품에 두 달 앞서 발표된 영랑의 산문「두견과 종다리」의 다음 부분은「오월」의 창작 과정을 밝혀 줄 수 있다는 점에서 우리의 흥미를 끈다.

  돛은 유달리 희하얗고 산봉우리는 오늘 밤에라도 어디고 불려 가실 듯이 아양에 차 있다. 천 이랑 만 이랑 보리밭이 한결 드흔들리면 이랑마다 이랑마다 햇빛이 갈라지고 쪼개지고 푸른 보릿대

---

43) 상당히 육감적이기조차 한 이러한 표현은 초기의 4행시에서도 사용되고 있다.

  뻘은 가슴을 훤히 벗고
  개풀 수줍어 고개 숙이네
  한낮에 배란 놈이 저 가슴 만졌구나
  뻘건 맨발로는 나도 자꾸 간지럽구나

           —『시문학』, 1931. 10, 18면—

는 부끄러운 허리통이 드러나지 않느냐.
— ≪조선일보≫, 1939. 5. 20, 24

이 글 「두견과 종다리」에서는 두견의 슬픔과 꾀꼬리의 기쁨이 하나의 문맥 속에 서로 공존하고 있다. 그러나 작품 「오월」에서는 꾀꼬리만을 등장시킴으로써 매우 밝은 시세계를 보여준다. 이 시기에 발표된 「달마지」(1939)와 「우감」(1940)도 「오월」과 동일한 계열의 작품으로 분류될 수 있다.

제2기에 발표된 마지막 시작품은 「춘향」이다. 「춘향」은 영랑의 시작품들 중에서 형태상으로 가장 길 뿐만 아니라 내용상으로도 영랑의 민족주의적 정신이 매우 짙게 투영되어 있다는 점에서 주목된다.

큰칼 쓰고 옥에 든 춘향이는
제 마음이 그리도 독했던가 놀래었다
성문이 부서져도 이 악물고
사또를 노려보던 교만한 눈
그는 옛날 성학사 박팽년이
불지짐에도 태연하였음을 알았너니라
오! 일편단심

깊은 겨울밤 비바람은 우루루루
피 칠해 논 옥창살을 들이치는데
옥 죽음한 원귀들이 구석구석에 휙휙 울어
청절 춘향도 혼을 잃고 몸을 버려 버렸다
밤새도록 까무러치고
해 돋을 녘 깨어나다

오! 일편단심

상하고 멍든 자리 마디마디 문지르며
눈물은 타고 남은 간을 젖어 버렸다
버들잎이 창살에 선뜻 스치는 날도
도련님 말방울 소리는 아니 들렸다
삼경을 세오다가 그는 그만 단장하다
두견이 울어 두견이 울어 남원 고을도 깨어지고
오! 일편단심

믿고 바라고 눈 아프게 보고 싶던 도련님이
죽기 전에 와 주셨다 춘향이는 살았구나
쑥대머리 귀신 얼굴된 춘향이 보고
이도령은 잔인스레 웃었다 저 때문의 정절이 자랑스러워
'우리 집이 꽉 망해서 상거지가 되었노라'
틀림없는 도련님 춘향은 원망도 안 했니라
오! 일편단심

모진 춘향이 그 밤 새벽에 또 까무러쳐선
영 다시 깨어나진 못했었다 두견은 울었건만
도련님 다시 뵈어 한을 풀었으나 살아날 가망은 아주 끊기고
온몸 푸른 맥도 휙 풀려 버렸을 법
출도 끝에 어사는 춘향의 몸을 거두며 울다
'내 변가보다 더 잔인무지하여 춘향을 죽였구나'
오! 일편단심44)

—『문장』, 1940. 9, 84-87면

---

44) 『영랑시선』(1949)에 실려 있는 시 형태는 이것과 상당히 다르다. 제2연과 제3연이 새로 첨가되고 원래의 제2연이 제5연으로 바뀌었는가 하면 원래의 제3연이 제4연으로 변하였다. 그리하여 처음의 5연 시가 7연 시로 되었으며 각 연의 번호가 새로 첨가되었다. 새로 첨가된 제2연과 제3연은 다음과 같다.

이 작품은 일편단심의 정절 여인 춘향이가 옥 속에 갇힌 때부터 억울하게 옥사한 직후까지의 이야기를 중심 내용으로 하고 있다. 대중적인 인기를 끌고 있던 판소리 「춘향가」의 행복한 결말부 내용을 크게 바꾸어 춘향이의 비극적인 죽음으로 마무리하고 있는 이 작품에서 영랑은 춘향이의 옥사가 견디기 힘든 육체적 고통과 소진보다는 거지가 되어 돌아온 이도령의 몰락을 직접 확인하게 되는 데서 오는 정신적 절망감에 원인이 더 컸음을 강조하고 있다. 옥중의 춘향이가 "도련님 다시 뵈어 한을 풀었으나 살아날 가망은 아주 끊기고/ 온몸 푸른 맥도 홱

    Ⅱ
원통코 독한 마음 잠과 꿈을 이뤘으랴
옥 방 첫날 밤은 길고도 무서워라
설움이 사무치고 지쳐 쓰러지면
남강의 외론 혼은 불리어 나왔느니
논개! 어린 춘향을 꼭 안아
밤새워 마음과 살을 어루만지다
오! 일편단심

    Ⅲ
사랑이 무엇이기
정절이 무엇이기
그 때문에 꽃의 춘향 그만 옥사하단 말가
지네 구렁이 같은 변학도의
흉칙한 얼굴에 까무러쳐도
어린 가슴 달큼히 지켜 주는 도련님 생각
오! 일편단심

풀려 버렸을 법"하다고 추정하는 마지막 연의 두 시행에 이 사실이 구체적으로 드러나 있다. 그러나 이 작품에서 춘향이의 육체적 고통과 비극적인 죽음은 그리 중요한 것 같지는 않다. 춘향이는 죽음으로써 이도령에 대한 자신의 일편단심을 끝까지 지켜 낼 수 있었기 때문이다.45) 춘향이의 일편단심은 각 연의 마지막 행에서 "오! 일편단심"이라는 구절이 규칙적으로 반복됨으로써 그 울림 효과가 증대되고 있다. 주인공 춘향이가 죽음으로써 자신의 깨끗한 마음을 끝까지 지켜 낸 것은 이 작품보다 1년 전에 발표된「독을 차고」에서 영랑이 보여준 바 있는 자기 마음 지키기 정신이 구체적으로 실천된 경우라고 할 만하다.

  비극적인 삶을 통하여 이념적인 승리를 보여주는 춘향이의 강렬한 이미지는 일제 치하를 살아가는 영랑의 시대·역사 인식을 반영하고 있는 상징적 표현이라고 할 수 있다. 이 경우 영랑이 불사이군(不事二君)의 일편단심을 실천한 사육신인 성삼문과 박팽년을 작품 속에 등장시키고 있다는 점은 시사하는 바가 매우 크다. 더구나 작품「춘향」이 일제가 우리 민족을 말살하려고 광분하고 있던 1940년 9월에 발표되었고 해방 전에 발표된 영랑의 마지막 작품이라는 점에서 춘향이의 옥사는 붓을 꺾고 침묵으로 저항하겠다는 영랑의 문학적 선언으로 이해될 수 있다.

---

45)「찬란한 슬픔의 봄」(1981)이라는 글에서 김현은 춘향을 '죽어서 사랑을 완성하는 사랑의 표상'으로 파악하였다. 한편, 김준오(1985, 123)는 춘향의 일편단심을 '적극적 자기 방어의 의미'로 해석한 바 있다.

(4) 제3기 : '희비 교향'의 서정 세계

　1940년 10월 이후 일제말 암흑기를 포함하여 6년 2개월 동안 침묵으로 일관하고 있던 영랑이 해방 이후 발표한 첫 작품은 「북」이다. 영랑이 시의 제재로 우리의 전통 악기인 북을 선택하게 된 데에는 당시 그가 북을 매우 좋아했던 사실과도 무관하지 않을 것이다. 서정주에 의하면 영랑의 북 치는 솜씨는 전문가적인 경지에 도달해 있었다고 한다. 작품 「북」 속에서 화자가 흥겹게 치는 북은 '소리' 즉 창을 이끌어 가는 중심 역할을 맡고 있다. 우리의 전통 악기인 북이 이제 비로소 제 역할을 수행하게 되었다는 이 작품의 내용 속에는 해방 이후 다시 새롭게 출발하고자 하는 시인 영랑의 각오가 투영되어 있는 것으로 보인다. 그리고 이 북의 흥겨운 울림 소리는 '벽에 기대선 채 그동안 한 번도 울지 못하'고 침묵만 지키고 있었던 영랑의 거문고(「거문고」, 1939)가 비로소 울 수 있는 행복한 시대가 이 땅에 도래하였다는 것을 의미한다.

　　자네 소리하게 내 북을 치지

　　진양조 중모리 중중모리
　　엇모리 잦아지다 휘몰아 보아

　　이렇게 숨결이 꼭 맞아서만 이룬 일이란
　　인생에 흔치 않아 어려운 일 시원한 일

　　소리를 떠나서야 북은 오직 가죽일 뿐

헛 때리면 만갑이도 숨을 고쳐 쉴밖에

장단을 친다는 말이 모자라오
연창을 살리는 반주쯤은 지나고
북은 오히려 컨닥타—요

떠받는 명고인데 잔가락을 온통 잊으오
떡떡궁! 동중정이요 소란 속에 고요 있어
인생이 가을같이 익어 가오

자네 소리하게 내 북을 치지

— 《동아일보》, 1946. 12. 10

  자네의 '소리'와 나의 북 장단이 서로 숨결을 꼭 맞추는 완벽한 조화의 경지, 그것은 판소리의 일급 창자와 최고 고수에 의해서만 도달이 가능한 절대의 세계이다. 판소리 동편의 '천재 명창'으로 불리는 송만갑이라도 고수가 북을 헛때리면 숨을 고쳐 쉴 수밖에 없을 정도로 소리판에서 북의 역할은 절대적인 위치에 있다.46) 그리하여 북은 장단을 치거나 반주 정도의 수준을 크게 넘어서서 관현악단의 지휘자처럼 소리판을 이끌어 가는 핵심 역할을 수행하게 되는 것이다.
  이 작품의 제2연에는 가장 느린 진양조에서부터 중모리, 중중모리, 엇모리, 자진모리, 휘모리47)에 이르기까지 대표적인 여

---

46) 명창 임방울, 이화중선, 이중선이 영랑의 집에 초대되어 머문 적도 있었다고 전한다.
47) 이들은 모두 판소리 및 산조의 장단(박자) 이름들로 진양조는 가장 느린 장단, 중모리는 진양조보다 조금 빠르고 중중모리보다 조금 느린 장단, 중

섯 가지 장단들이 모두 등장하고 있다. 명고(名鼓)에서 울려 나오는 이들 여러 장단들은 점점 고조되어 제6연에서 '동중정', 즉 '소란 속의 고요'로 집약되는 절정의 순간에 다다르게 된다. 이 절정의 순간에 영랑은 동과 정, 소란과 고요라는 이질적인 두 세계를 동시에 보게 되는 것이다. 이곳에서 보여주는 영랑의 원숙한 경지는 명편 「모란이 피기까지는」의 성숙한 세계관에 연결되고 있다. 이 작품에서 우리는 영랑 시가 10여 년 만에 본래의 세계로 회복되어 간다는 사실을 확인하게 된다.48)

「북」을 발표한 이후 영랑은 「바다로 가자」(1947)에서 해방의 감격을 노래하였고, 이어서 「겨레의 새해」와 「감격 8·15」(이상 1949)에서는 대한민국 정부 수립을 지지하기도 하였다. 이러한 적극적이고 희망에 찬 영랑의 자세는 「천리를 올라온다」(1950)에까지 지속되고 있다.

그러나 1948년 11월 여순반란사건의 현장을 취재하고 쓴 2편의 시작품 「새벽의 처형장」과 「절망」에서 영랑은 좌우 이데올로기의 첨예한 대립이 초래한 동족 상잔의 비극적 참상을 직접 목격하고 절망의 구렁텅이 속으로 추락하게 된다. 밝은 미래에 대한 영랑의 벅찬 기대가 무참하게 깨어지는 아픔이 「절망」에 잘 나타나 있다.

중모리는 중모리보다 조금 빠르고 자진모리보다 느린 장단, 엇모리는 비교적 빠르며 가장 이질적인 장단, 자진모리는 중중모리보다 조금 빠르고 휘모리보다 조금 느린 장단, 휘모리는 가장 빠른 속도로 처음부터 급히 휘몰아 부르는 장단이다.
48) 이러한 세계관은 1931년 10월에 발표된 4행시의 첫 행 "눈물 속 빛나는 보람과 웃음 속 어둔 슬픔"에서도 발견된다.

2. 시세계의 변모

옥천 긴 언덕에 쓰러진 주검 떼주검
생혈은 쏟고 흘러 십 리 강물이 붉었나이다
싸늘한 가을바람 사흘 불어 피 강물은 얼었나이다
이 무슨 악착한 주검이오니까
이 무슨 전세에 없던 참변이오니까
조국을 지켜 주리라 믿은 우리 군병의 창끝에
태극기는 갈가리 찢기고 불타고 있습니다
별 같은 청춘의 그 총총한 눈물은
악의 독주에 가득 취한 군병의 칼끝에
모조리 도려빼이고 불타 죽었나이다
이 무슨 재변이오니까
우리의 피는 그리도 불순한 배 있었나이까
무슨 정치의 이름 아래
무슨 뼈에 사무친 원수였기에
홋한 겨레의 아들딸이었을 뿐인데
이렇게 유황불에 타 죽고 말았나이까
근원이 무에던지 캘 바이 아닙니다
죽어도 죽어도 이렇게 죽는 수도 있나이까
산 채로 살을 깎이어 죽었나이다
산 채로 눈을 뽑혀 죽었나이다
칼로가 아니라 탄환으로 쏘아서 사지를 갈가리 끊어 불태웠나이다
홋한 겨레 이 피에도 이러한 불순한 피가 섞여 있음을 이제 참
으로 알았나이다
아! 내 불순한 핏줄 저주받을 핏줄
산고랑이나 개천가에 버려 둔 채 까맣게 연독한 주검의 하나 하나
탄환이 쉰 방 일흔 방 여든 방 구멍을 뚫고 나갔습니다
아우가 형을 죽였는데 이렇소이다
조카가 아재를 죽였는데 이렇소이다
무슨 뼈에 사무친 원수였기에

무슨 정치의 탈을 썼기에
이래도 이 민족에 희망을 붙여 볼 수 있사오리까
생각은 끊기고 눈물만 흐릅니다
— 《동아일보》, 1948. 11. 16

여순반란사건은 제주도 유격대 토벌을 위한 출동 임무를 거부하여 1948년 10월 20일 새벽부터 27일까지 일주일 동안 여수와 순천 지역을 중심으로 일어났던 자연발생적인 군사 반란사건이다.(브루스 커밍스, 2001, 311-313) 당시 전남 여수에 주둔하고 있던 국군 제14연대 소속 공산계 일부 군인들이 주동이 되어 일으킨 이 반란사건으로, 그들에 의해 점령당했던 여수와 순천 지역에서는 수많은 양민이 학살되고 민가와 공공 건물들이 방화되는 등 온갖 만행이 자행되었다. 그리하여 이 사건은 우리나라 국군의 역사에 있어서 가장 커다란 오점의 하나로 기록된다. 사건 발생 2주일 만인 그해 11월 3일 문교부에서는 반란현지조사반을 순천과 여수 지역에 파견하여 현장을 조사하고 그 결과를 보고하도록 하였는데 영랑도 그 일원으로 참가하였다. 영랑과 함께 이 현지조사반에 동행하였던 비평가 이헌구는 그의 「반란현지견문기」라는 글에서 당시 절망에 빠져 있던 영랑의 모습을 다음과 같이 기술해 놓고 있다.

이번 동행하였던 영랑 형이 몇 번이고 나에게 '이 민족에 절망하라!'고 울부짖으면서 '이 민족의 절망에서 구원되리라고 생각하는 의욕까지를 포기하라'고 나에게 강요하다시피 원통해 하는 것이었습니다.

— 이헌구, 『진실을 벗삼아』, 231면

당시 눈뜨고 보기 힘들 정도로 참혹했던 현장 체험이 영랑으로 하여금 「새벽의 처형장」과 「절망」을 쓰게 만들었던 것이다.
「절망」은 해방 이후 이 땅에 휘몰아친 좌우 이데올로기의 극렬한 대립이 낳은 참상을 고발하고 있는 작품이다. 성스러운 우리의 태극기가 마구 찢겨서 불타고, "빼앗긴 태극기를 도로 찾아 3년을 휘두르며 바른길을 앞서 걷던"(「새벽의 처형장」) 우리 겨레의 아들딸들이, '악의 독주에 취한' '우리 군병의 칼끝에 모조리 도려빼이고 불타 죽'거나 '유황불에 타 죽'거나, '산 채로 살을 깎이어 죽'거나 '눈을 뽑혀 죽'거나, '탄환으로 쏘아서 사지를 갈가리 끊어 불태'워졌거나 '탄환이 수없이 구멍을 뚫고 나'간 끔찍한 참변의 실상을 목격하고 화자는 '생각이 끊긴 채 눈물'만 흘릴 뿐이다.49) 우리 겨레의 핏줄 속에도 이와 같이 동족을 참혹하게 도륙해 버릴 수 있는 불순한 피가 섞여 있다는 가공할 만한 사실을 새롭게 확인하고 민족의 앞날에 절망하는 화자의 참담한 심정은 이 작품 속에서 "-나이다"와 "-나이까", "-오니까"와 "-오리까"와 같은 종결어미들의 반복적인 사용으로 한층 강화되고 있다.

---

49) 이헌구(1975, 248-249)도 이 사실을 다음과 같이 증언하고 있다.

가사 사람을 죽인다 하더라도 저렇듯 시상가공(屍上加鞚)은 유도 아닌, ── 눈을 도려빼고 껍질을 벗기고 꼬챙이로 찌르고 칼로 살을 천 갈래 만 갈래로 찢고 발기고 탄환을 수없이 전신에 놓고 또 오히려 부족하여 얼굴이나 전신에 기름을 뿌려서 불을 질러 태워 버리는 등의 이 반도의 잔학무도한 살육에 대하여 그를 '천인공로'라거니 '귀축의 소행'이라거니 하는 말로 표현함으로써 족할 것입니까.

시 「절망」은 우리로 하여금 대표적인 전후 작가 장용학의 출세작 「요한시집」(1955) 속의 다음 대목을 연상케 한다.

> 그것은 인간의 한계를 넘은 싸움이기도 하였다. 그렇게 사람을 죽이는 법은 없는 싸움이었다. 아무리 악하고 미워서 견딜 수 없는 적이라 해도 죽음 이상의 벌을 주지 못하는 것이 인간이다! 아무리 독하고 악한 사람이라 해도 죽음 이상의 벌을 받지 않는 것이 인간이다! 그렇게 되어 있는 것이 인간이라는 이름이다! 이것은 인간이 가질 수 있는 인간에 대한 마지막 신앙이다! 죽음에는 생의 전 중량이 걸려 있다. 그의 죄는 그 생보다 더 클 수 없는 것이고, 죽음이란 끝나는 것이다. 모든 것이 끝나는 것이다. 슬픔도 기쁨도 간지러움도 아픔도, 피도 땀도, 선도 악도 지상의 모든 약속이 끝나는 것이 죽음이다. 마지막 위로요, 안식이요, 마지막 용서이다!
> 그런데 거기서는 시체에서 팔다리를 뜯어내고 눈을 뽑고, 귀 코를 도려냈다. 아니면 바위를 쳐서 으깨어 버렸다. 그리고 그것을 들어서 변소에 갖다 처넣었다. 사상의 이름으로. 계급의 이름으로. 인민이라는 이름으로!
>
> ―『한국전후문제작품집』, 27-28면

소설 「요한시집」의 이 부분은 한국전쟁중 어느 포로수용소 안에서 공산 포로들이 저지른 잔학상을 고발한 것이고, 시 「절망」은 1948년 대한민국 정부 수립 직후 공산계 일부 군인들이 무참하게 자행하였던 만행을 문제 삼은 것이라는 점에서 시기상으로 거리가 있다. 그렇지만 이 땅에 엄연하게 상존하고 있는 좌우 이데올로기의 극한적인 대립이 빚어 낸 참상을 통렬하게 고발하고 있다는 점에서 두 작품은 차이가 거의 없다.

이 시기 영랑의 내면 세계를 잘 보여주는 작품으로 「망각」 또한 주목할 만하다.

걷던 걸음 멈추고 서서도 얼컥 생각키는 것 죽음이로다
그 죽음이사 서른 살 적에 벌써 다 잊어버리고 살아왔는데
웬 노릇인지 요즘 자꾸 그 죽음 바로 닥쳐온 듯만 싶어져
항용 주춤 서서 행길을 호기로이 달리는 행상을 보랏고 있느니

내 가버린 뒤도 세월이야 그대로 흐르고 흘러가면 그뿐이오라
나를 안아 기르던 산천도 만년 하냥 그 모습 아름다워라
영영 가버린 날과 이 세상 아무 가겔 것 없으매
다시 찾고 부를 인들 있으랴 억만 영겁이 아득할 뿐

산천이 아름다워도 노래가 고왔더라도 사랑과 예술이 쓰리고 달콤하여도
그저 허무한 노릇이어라 모든 산다는 것 다― 허무하오라
짧은 그동안이 행복했던들 참다웠던들 무어 얼마나 다를라더냐
다 마찬가지 아니 남만 나올러냐? 다― 허무하오라

그날 빛나던 두 눈 딱 감기어 명상한대도 눈물은 흐르고 허덕이다 숨 다 지면 가는 거지야
더구나 총칼 사이 헤매다 죽는 태어난 비운의 겨레이어든
죽음이 무서웁다 새삼스레 뉘 비겁할소냐마는 비겁할소냐마는
죽는다― 그만이라― 이 허망한 생각 내 마음을 왜 꼭 붙잡고 놓질 않느냐

망각하자― 해 본다 지난날을 아니라 닥쳐오는 내 죽음을
아! 죽음도 망각할 수 있는 것이라면
허나 어디 죽음이야 망각해질 수 있는 것이냐

길고 먼 세기는 그 죽음 다— 망각하였지만
　　　　　　　　　　　—『신천지』, 1949. 8, 170-171면

　제4연의 "총칼 사이 헤매다 죽는 태어난 비운의 겨레"라는 구절에서 우리는 이 작품의 비극적 세계관이 앞의「절망」에 연결되어 있다는 사실을 알게 된다. 그리고 제3연에 나타나 있는 바, 인생에서 행복하고 참다웠던 기간은 짧고 "산다는 것 다— 허무"하다는 인생관은, 기쁨은 순간적이고 슬픔은 지속적이라는 인생관을 주제로 하고 있는 작품「모란이 피기까지는」과 대동소이하다. 뿐만 아니라 마지막 연의 첫 행 "망각하자— 해본다 지난날을 아니라 닥쳐오는 내 죽음을"이라는 도치된 문장 구조 역시「모란이 피기까지는」의 마지막 시행 "나는 아직 기다리고 있을 테요 찬란한 슬픔의 봄을"과 구조적으로 유사하다. 이러한 몇 가지 사항들은 영랑 초기시의 세계와 방법이 후기시에까지 지속되고 있었음을 말해 주고 있다.
　「망각」의 첫째 연에서 화자는 이미 오래 전에 잊고 살아왔던 죽음이 요즈음 자주 닥쳐온 듯싶다고 말한다. 전기적 사실을 참조할 때 그의 나이 '서른 살 적'이란 1933년에 해당되는데 그해에 영랑은 모친상을 당한 것으로 되어 있다. 그로부터 16년이라는 긴 세월이 흘러간 후인 1949년 또다시 "죽는다— 그만이라—"는 허망한 생각이 그의 마음을 붙잡고 놓지 않고 있다는 것이다. 영랑은 그 죽음을 망각하고자 애쓰지만 그럴 수 없음을 안타까워한다. 이와 같이 이 작품에는 영랑이 당대를 죽음과 허무로 뒤덮여 있는 절망적인 시대로 인식하고 있음이 드러나 있다.

  그러나 영랑은 「오월 아침」(1949)과 「오월 한」(1950)에 이르러 그 이전에 느끼고 있던 허무와 '허망한 생각'으로부터 벗어나서 다시 마음의 평정을 회복하기 시작한다. 작품 「오월 아침」에서 영랑은 5월 아침에 창공을 뒤흔드는 꾀꼬리의 노랫소리를 이슬비 적시는 새벽 두견의 서러운 울음 소리에 견주어 노래한다. 그리고 이로부터 9개월 후에 발표된 「오월 한」에서도 5월의 밝은 면과 어두운 면이 공존하고 있다.

      모란이 피는 오월 달
      월계도 피는 오월 달
      온갖 재앙이 다 벌어졌어도
      내 품에 남는 다순 김 있어
      마음실 튀기는 오월이러라
      무슨 대견한 옛날였으랴
      그래서 못 잊는 오월이랴
      청산을 거닐면 하루 한치씩
      뻗어 오르는 풀숲 사이를
      보람만 달리던 오월이러라

      아무리 두견이 애달퍼 해도
      황금 꾀꼬리 아양을 펴도
      싫고 좋고 그렇기보다는
      풍기는 내음에 지늘겨건만
      어느새 다 해-진 오월이러라

                    —『신천지』, 1950. 6, 194-195면

이 작품의 마지막 연 첫 두 시행에서도 등장하고 있는 바와 같이 영랑 시세계의 본질은 꾀꼬리의 노랫소리와 두견의 울음소리가 서로 교차하는 곳에 있는 것으로 볼 수 있다. 제1연의 "마음실 튀기는 오월"과 제2연의 "보람만 달리던 오월"이 '아양을 펴는 황금 꾀꼬리'의 황홀한 세계에 해당된다면 제3연에 나오는 "다 해-진 오월"은 '애달피 우는 두견'의 서러운 세계에 해당된다고 할 것이다.

　영랑의 후기시인「오월 아침」과「오월 한」속에서 꾀꼬리와 두견이 함께 등장하고 있는 점은 결코 예사롭게 보이지 않는다. 영랑 시세계의 본질이 기쁨과 슬픔, 밝음과 어두움과 같이 서로 상반되는 두 세계를 하나로 통합하는 데 있다고 볼 때 꾀꼬리와 두견이 바로 그에 상응하는 핵심 이미지라고 할 만하다. 밝음과 어두움이라는 서로 이질적인 두 세계를 꾀꼬리와 두견의 이미지로 대비시켜 표현하고 있는 이러한 시 방법에는 초기시 세계로 회귀하려는 영랑의 정신이 반영되어 있는 것으로 보인다.

　이와 같이 초기시 세계로의 회귀를 모색해 가던 영랑이 한국전쟁중에 불행하게 생을 마감함으로써 그 결실을 맺지 못하고 만 것은 매우 안타까운 일이라고 아니할 수 없다.[50]

---

50) 초기시 세계로의 회귀 현상은 납북 전의 정지용 시에서도 검출되고 있다.

(5) 꾀꼬리의 시학

시인 정지용은 "꾀꼬리는 우는 제철이 있다"(「꾀꼬리와 국화」, 1938), "꾀꼬리 목청이 제철에 트이듯"(「시와 발표」, 1939)이라는 말을 한 적이 있다. 그에 의하면 꾀꼬리는 아무때나 울 수 있는 것이 아니고 어느 정도 휴식 기간을 거친 다음 제철이 되어 목청이 틔어야 비로소 울기 시작한다는 것이다. 꾀꼬리에 대한 정지용의 이 언급은 영랑의 시세계를 해명할 수 있는 매우 적절한 비유로 여겨진다. 꾀꼬리가 휴식 기간을 거친 다음 제철을 맞아 아름다운 목소리로 노래를 부르듯이 영랑 역시 몇 차례의 문학적 침묵기를 거친 후 비로소 새로운 시작품을 발표하는 것이다.

1930년 3월 『시문학』지 창간호에 13편의 순수 서정시들을 한꺼번에 발표하면서 문단에 등장한 영랑은 1931년 11월부터 1933년 12월까지 2년 동안의 제1차 침묵기를 보낸 끝에 1934년 1월 『문학』지 창간호에 6편의 4행시를 발표하게 된다. 『시문학』지에 모두 17편의 4행시를 발표한 바 있는 영랑이 『문학』지에 다시 4행시만을 발표하고 있다는 점에서 이때는 초기시 세계가 지속된 것으로 볼 수 있다. 영랑의 새로운 면모가 나타나기 시작한 것은 이 잡지 제2호에 발표된 「불지암 서정」과 제3호에 발표된 「모란이 피기까지는」에서부터이다. 이 시기에 이르러 영랑은 시작품을 1편씩만 발표하고 있을 뿐만 아니라 시 형태도 점차 장형화하는 경향을 보이는 것이다. 1935년 11월 『영랑시집』을 간행한 이후 영랑은 1938년 8월까지 2년 9개월간의 제2차 침묵기를 보낸다. 제2차 침묵기를 보낸 영랑이 1938년 9월에 처음으로 발표한 작품이 수필「감나무에 단풍 드는 전남의 9월」인바, 이후 영랑의 문학 활동에 있어서 시와 함께 산문도 큰 비중을 차지하게 된다. 영랑은 이듬해 1월호『조광』지에 시「거문고」와「가야금」을 함께 발표하는데 이 두 작품이 모두 우리의 전통 악기 이름을 제목으로 삼고 있다는 점 또한 매우 흥미롭다. 영랑은 다시 1940년 10월부터 1946년 11월까지 6년 2개월간에 걸치는 제3차 침묵기를 보낸 후 그해 12월 10일자 ≪동아일보≫에「북」을 발표하면서 문학 활동을 재개한다.

영랑의 제1차 침묵은 박용철과의 문학적 불화에서 말미암았던 것으로 알려져 있다. 영랑은 박용철이 발행하였던『문예월간』지에 단 한 편의 시작품도 발표하지 않을 만큼 이 잡지의 편집 태도에 불만을 품고 있었다. 당시 영랑의 불만은 그의 회고문「인간 박용철」의 다음 부분에 잘 드러나 있다.

> 벗이 이형(異兄)과『문예월간』을 시작하여 그 첫 호가 나왔을 제 나는 벗을 어찌나 공격하였던고. 2, 3호 이렇게 나올 때마다 실로 내 공격 때문에 벗은 딱한 듯하였었다. 순정과 양심으로 시작한『시문학』바로 뒤에 영합과 타협이 보이는 편집 방침 세상을 모르는 내가 벗을 공격하였음도 지당한 일이었다. 그 다음에 나온『문학』은 그래도 깨끗하고 당차지 않았던가. 지금 생각해 보아도『문예월간』은 문예지로서 2류 이하의 편집밖에 더 될 게 없다. 벗이 시조를 쓰시던 버릇과『문예월간』을 하던 것을 나는 참으로 좋이 여기지 않았다.
>
> —『조광』, 1939. 12, 319면

개인사적으로 볼 때 1931년 3월에 차남을 잃고 그로부터 2년 뒤인 1933년 1월에 모친까지 여의는 등 겹치는 혈육의 불행한 죽음이 초래한 정신적 충격 또한 영랑의 제1차 침묵의 원인이 되었을 것 같다.

6년이 넘는 제3차의 침묵은 일제말 암흑기를 살아가는 시인 영랑의 현실 대응 자세가 반영된 결과로 보인다. 첫 수필 「감나무에 단풍 드는 전남의 9월」에서 영랑은 1938년을 전후로 한 당시에 우리의 민족 정서가 깃든 강강수월래나 씨름과 같은 민속놀이를 금지시키고 있던 일제 식민지 정책에 불만을 표시한 바 있고, 수필 「춘설」(1940)에서도 당시 일제에 의하여 강요되고 있던 양력 과세 정책이 빚어 내는 전통 단절의 폐해에 대하여 문제를 제기하기도 하였다. 그리고 「두견과 종다리」(1939)에서 영랑은 "이 세대에 태어난 불쌍한 천재들이 허덕이다 못해 모조리 변통"했다고 지적함으로써 당대 지식인들의 친일 변절 행각에 가슴 아파하였다. 같은 글에서 영랑은 선비들의 모시 겹두루마기와 아낙네들의 연옥색 모시치마에서 볼 수 있듯이 모시 다듬이 옷맵시가 우리 민족의 자랑할 만한 의복 문화임을 환기하기도 하였다. 이와 같이 1930년대 말경에 발표된 산문들 속에서 영랑의 민족주의적 사상의 편린이 자주 검출되고 있는 것이다.

영랑은 20년이 넘는 창작 활동 기간 중 모두 11년 정도의 오랜 침묵기를 거치면서 자신의 시세계를 새롭게 정립하여 나갔다. 이렇게 여러 차례 침묵 끝에 새로운 세계를 보여준 영랑의 문학 활동은 제철을 맞아 부르는 꾀꼬리의 황홀한 노랫소리에 비유될 만하다.

  사실 꾀꼬리는 영랑의 시작품들에 자주 등장하고 있는 새이기도 하다. 꾀꼬리가 처음으로 등장하는 시작품은 「뉘 눈결에 쏘이었소」(1935)이다.

    뉘 눈결에 쏘이었소
    온통 수줍어 진 저 하늘 빛
    담 안에 복숭아꽃이 붉고
    밖에 봄은 벌써 재앙스럽소

    꾀꼬리 단둘이 단둘이로다
    빈 골짝도 부끄러워
    혼란스런 노래로 흰 구름 피어 올리나
    그 속에 든 꿈이 더 재앙스럽소

                     —『영랑시집』, 작품 번호 4

  봄날 혼란스럽게 노래하는 이 꾀꼬리의 이미지는 이후 「오월」(1939), 「오월 아침」(1949), 「천리를 올라온다」, 「오월 한」(이상 1950) 등의 시작품 속에서도 계속 등장하고 있다. 시작품에서뿐만이 아니라 「두견과 종다리」(1939), 「지용 형」(1940)과 같은 산문 속에서도 꾀꼬리는 영랑의 중요한 관심 대상이 되고 있다. 더욱 흥미로운 점은 서간문 형식으로 되어 있는 「지용 형」에서 영랑이 시인 정지용을 한 마리 황금 꾀꼬리에 비유하고 있다는 사실이다.

    맹금의 한숨! 너무 잦아서야 될 말이요. 황금 꾀꼬리는 백옥 비둘기 한 마리 차 가지고 오월 달 하늘 밑 다도해를 날아오시오. 우리는 온전히 소생하지 않을까요.

— 『여성』, 1940. 5, 63면

 자신이 살고 있던 강진 땅에 한번 내려와 주기를 정지용에게 청하는 이 편지 속에서 꾀꼬리는 시인의 은유로 사용되고 있는 것이다.
 정지용 역시 꾀꼬리에 대하여 관심이 매우 많았던 시인이었다. 1938년 여름에 정지용은 강진 땅 영랑의 집에서 며칠간 머물게 되었는데, 그때의 체험을 몇 편의 수필로 발표한 바 있다. 그 중 「꾀꼬리」(1938)라는 글에는 이 새에 대한 정지용의 관심이 비교적 잘 드러나 있다.

 꾀꼬리도 사투리를 쓰는 것이온지 강진골 꾀꼬리 소리는 소리가 다른 듯하외다. 경도 꾀꼬리는 이른봄 매화 필 무렵에 거의 전차 길 옆에까지 내려와 울던 것인데 약간 수리목이 져 가지고 아담하게 굴리던 것이요, 서울 문밖 꾀꼬리는 아카시아꽃 성히 피는 철 이른 여름에 잠깐 듣고 마는 것이나 이곳 꾀꼬리는 늦은 봄부터 여름이 다 가도록 운다 하는데 한 놈이 여러 가지 소리를 내는 것입니다.
 바로 장독대 뒤 큰 둥구나무가 된 평나무 세 그루에서 하루 종일 울고 아침 햇살이 마악 퍼질 무렵에는 소란스럽게 꾀꼬리 저자를 서는 것입니다.

— 『정지용전집』 2권, 106면

 영랑의 집 주위에서 소란스럽게 울고 있던 강진 꾀꼬리의 울음 소리를 관찰하고 쓴 글이다. 일본 경도, 서울, 강진 지역의 꾀꼬리 소리가 서로 다르고 강진 꾀꼬리 한 마리도 여러 가지 소리를 낸다는 이 진술에서 우리는 꾀꼬리에 대한 정지용의 관심이 매우 컸음을 알게 된다. 정지용도 증언하고 있는 바와 같이 꾀꼬리는 영랑이 강진 땅에서 영위하던 삶의 일부를 이루고 있던 새로서 영랑 시의 중요한 제재가 되기에 충분하였다.

　영랑에게 있어서 꾀꼬리는 두견과 서로 상극인 철새였다. 꾀꼬리와 두견은 영랑의 작품 「오월 아침」, 「천리를 올라온다」, 「오월 한」에 함께 등장한다. 이들 시작품에서 꾀꼬리는 황홀함을 상징하는 새로, 두견은 서러움을 상징하는 새로 각각 인식되고 있다. 그런데 특별히 주목되는 것은 「천리를 올라온다」에서는 꾀꼬리가 희비 교향악을 노래하는 새로 인식되고 있다는 점이다.

　　천리를 올라온다
　　또 천리를 올라들 온다
　　나귀 얼렁 소리 닫는 말굽 소리
　　청운의 큰 뜻은 모여들다 모여들다.

　　남산 북악 갈래갈래 뻗은 골짜기
　　엷은 안개 그 밑에 묵은 이끼와 푸른 송백
　　낭랑히 울려 나는 청의 동자의 글 외는 소리
　　나라가 덩그러니 이룩해지다.

　　인경이 울어 팔문이 굳이 닫히어도
　　난신 외구 더러 성을 넘고 불을 놓다.

퇴락한 금석 전각 이젠 차라리 겨레의 향그런 재화로다
찬란한 파고다여 우리 그대 앞에 진정 고개 숙인다.

철마가 터지던 날 노들 무쇠 다리
신기한 먼 나라를 사뿐 옮겨다 놓았다.
서울! 이 나라의 화사한 아침 저자러라
겨레의 새 봄바람에 어리둥절 실행한 숫처년들 없었을 거냐.

남산에 올라 북한 관악을 두루 바라다보아도
정녕코 산 정기로 태어난 우리들이라.
우뚝 솟은 묏부리마다 고물고물 골짜기마다
내 모습 내 마음 두견이 울고 두견이 피고.

높은 재 얕은 골 흔들리는 실마리 길,
그윽하고 너그럽고 잔잔하고 쌘듯하지.
백마 호통 소리 나는 날이면
황금 꾀꼬리 희비 교향을 아뢰니라.

—『백민』, 1950. 3, 22-23면

　이제 영랑은 꾀꼬리의 노랫소리에서 희비 교향악을 듣기에 이른 것이다. 기쁨과 슬픔이라는 상호 대립적인 두 세계를 꾀꼬리의 울음 소리에서 함께 들을 수 있게 되었다는 것은 영랑의 시정신이 그만큼 성숙한 경지에 도달하였음을 의미한다. 이것은 또한 초기시 「모란이 피기까지는」에서 그가 이미 보여준 바, 인생에서 기쁨과 슬픔의 양면적 세계를 관조할 수 있는 성숙한 정신 세계로의 회귀에 해당된다. 초기시에서부터 후기시까지 일관되고 있는 이 균형 감각의 확보는 영랑으로 하여금 문학 이념상 그 자신과 대립하고 있었던 대표적인 카프계 문인 임화의 시까지 높게 평하도록 만든 것으로 보인다(「인간 박용철」, 1939).

해방 이후 영랑의 최고 이해자가 된 시인 서정주는 영랑 시세계의 특성을 촉기(燭氣)라는 용어로 설명한 바 있다.51)

> 촉기 —— 그것은 물론 촉물에서 감도는 그 기름진 풍염 —— 고갈할 수 없는 그 풍염을 말하는 것으로서, 그거라면 이중선이뿐이 아니라, 영랑 바로 그가 가장 끈질기게 가져 지녀 왔던 것이다. 그래 나는 그의 주석을 들으며 그게 사실은 영랑이 바로 그 자신의 제일 중요한 것을 말하고 있는 거라고 생각하고 있었다. 이 촉기 —— 백년 긴 가뭄에도 마를 줄 모르는 이 촉기, 어느 슬픔 어느 암흑의 밑바닥에라도 말라 죽을 수 없이 윤나는 이 촉기야말로 그가 오래 지켜 유지해 온 중요한 것이라고 생각했기 때문이다.
> ―「시인 영랑 김윤식」,『미당 산문』, 234면

서정주에 의하면 촉기는 고갈할 수 없는 풍염성을 말하는 것으로 시인 영랑이 끈질기게 오래 지켜 유지해 온 것으로 영랑 자신의 제일 중요한 특질을 말하는 것이 된다. 사실 서정주는 1949년 가을 어느 날 "이중선의 소리엔 '촉기'가 있어 더 좋다"는 영랑의 말을 듣고, 촉기라는 것이 "같은 슬픔을 노래부르면서도 그 슬픔을 딱 한데 떨어뜨리지 않는 싱그러운 음색의 기름지고 생생한 기운"이라는 설명도 듣게 된다. 그 당시 서정

---

51) 촉기에 대하여 언급하고 있는 서정주의 글로는 「영랑의 고향 강진」, 「김영랑과 박용철」, 「영랑의 일」, 「영랑과 그의 시」 등이 있다.

주는 촉기라는 것이 '전라도 지방에 유포되고 있는 육자배기를 위시한 우리 고유 민요 속에 흐르고 있는 정조'로서 "영랑 시의 특질을 이루는 것"이자 "그의 시정신의 가장 중요한 것"이라고 생각하게 된다.(「영랑의 일」, 1962) 그리고 서정주는 이 촉기 때문에 영랑의 슬픔이 암담하지 않고 싱싱함을 지닌다고 보기도 하였다.(『서정주문학전집』 5, 119)

　서정주가 처음 주목한 이후 많은 연구자들이 촉기를 영랑 시학으로 보는 데 이의가 거의 없지만 사실 촉기라는 용어가 의미하는 바는 상당히 애매 모호한 편이다. 이 자리에서 우리는 김준오의 해석에 따라 촉기를 공자의 애이불상(哀而不傷)과 동일한 의미로 이해하고자 한다.(「비가적 세계와 순수 자아」, 1983)[52]

　어느 한쪽으로 치우치지 않는 균형 감각을 유지하는 데 영랑 시의 특질이 있다고 본다면, 이것을 가능하게 만든 것은 그가 촉기를 지니고 있었기 때문이며 그가 꾀꼬리의 희비 교향악을 들을 수 있었기 때문이라고 하겠다. 이렇게 볼 때 영랑에게 있어서 꾀꼬리는 그 자신이자 그의 시학을 요약하는 상징적 이미지라고 할 만하다.

---

[52] 서정주(1969, 178)도 영랑의 시가 '동양적인 애이불상하는 고결성'을 띠고 있어 정서가 대단히 건전하다고 평한 바 있다.

3

대표 작품 분석

(1) 「동백잎에 빛나는 마음」(1930)

　　내 마음의 어딘 듯 한편에 끝없는
　　　강물이 흐르네
　　돋쳐 오르는 아침 날빛이 빤질한
　　　은결을 돋우네
　　가슴엔 듯 눈엔 듯 또 핏줄엔 듯
　　마음이 도른도른 숨어 있는 곳
　　내 마음의 어딘 듯 한편에 끝없는
　　　강물이 흐르네

　　　　　　　　　　―『영랑시집』, 작품 번호 1

1) 초기 대표작

　시 「동백잎에 빛나는 마음」은 1930년 3월 『시문학』 창간호의 맨 첫머리를 장식하고 있는 작품이다. 그리고 1935년 11월 간행된 『영랑시집』에 첫 번째로 배치되어 있는 작품이기도 하다. 이 두 가지 사실은 이 작품이 『시문학』 창간호의 시적 특성을 대표하고 있을 뿐만이 아니라 영랑의 초기시를 대표할 만한 위치에 있다는 것을 시사해 주고 있다.

영랑의 초기시에 있어서뿐만이 아니라 1930년대 우리 현대시문학사에 있어서도 매우 중요한 의미를 갖고 있는 이 작품은 그동안 자주 주목받아 오기는 했으나 본격적으로 분석된 바 없다. 이것은 그만큼 이 작품에 논의하기 쉽지 않은 요소들이 다수 포함되어 있기 때문인 것으로 보인다.

2) 5행시 형태와 기승전결 구조

우선 이 작품에서 주목되는 것은 시 형태상의 특이성이다. 겉으로 보기에 8행으로 되어 있는 것 같지만 잘 살펴보면 이 작품은 5행시임을 알 수 있다. 한 칸씩 들여서 인쇄되어 있는 시행들[53])은 모두가 내용상 위의 시행에 연결되어 있는 것으로 파악되기 때문이다. 이러한 우리의 판단이 어긋나지 않았다는 것은 『시문학』 창간호에 발표되었던 시 형태와 비교해 볼 때 쉽게 확인된다.

    내마음의 어된듯 한편에 끗업는 강물이 흐르내
    도처오르는 아츰날빗이 빤질한 은결을 도도내
    가슴엔듯 눈엔듯 또피ㅅ줄엔듯

---

53) 『영랑시집』과 거의 같은 시기에 발간된 백석의 시집 『사슴』(1936)에도 이와 동일한 표기 방식이 발견된다.

마음이 도른도른 숨어잇는곳
　　내마음의 어뒨듯 한편에 끗업는 강물이 흐르내
　　　　　　　　　　　　—『시문학』1호, 4면

　제1행과 제5행의 "흐르내"와 제2행의 "도도내"의 '내'가 모두 '네'로 바뀌고 "또피ㅅ줄엔듯"의 '또' 다음에 띄어쓰기 원칙이 지켜졌을 뿐『시문학』지와『영랑시집』에 실려 있는 두 작품 사이에는 차이가 거의 없다. 여기에서 우리는 원래 5행시 형태로 발표되었던 이 작품이『영랑시집』에 재수록될 때 편의상 8행으로 인쇄되었을 뿐 시행을 구분하려는 의도는 없었음을 알게 된다.54)

　5행시 형태로 되어 있는 이 작품은 문단 등단 초기에 영랑이 집중적으로 발표하고 있었던 4행시가 변형된 형태라고 할 수 있다. 시의 내용상 제3행과 제4행은 화자의 마음이 숨어 있을 것으로 추정되는 장소를 구체적으로 열거하고 있다는 점에서 동질성이 인정된다. 그리하여 한 행으로 처리할 수 있었음에도 불구하고 굳이 두 시행으로 나누어 놓은 것은 이 부분을 특별히 강조하려는 시인의 의도가 작용한 결과로 이해된다.

　형태상 이 작품은 구조적 완결성을 보여주고 있다. 제1행, 제2행, 제5행의 끝 부분은 '네'로 각운이 맞추어져 있으나 제3행과 제4행에서는 각운상에 변화를 주고 있다. 형태상의 이 변화는 내용상의 변화와도 일치한다. 제1행은 끝없는 강물처럼

---

54) 표기법상으로 좀더 발전된 형태를 보여주고 있는『영랑시집』의 작품을 원본으로 삼는 것이 적절할 것 같다.

흐르고 있는 내 마음의 동적인 상태를 노래하고 있다. 제2행은 솟아오르는 아침 햇살에 빛나 매끄럽게 윤기가 흐르는 동백잎을 바라보면서 화자가 느끼는 즐거운 마음 상태를 은빛 물결에 비유하여 표현하고 있다. 제3행과 제4행은 화자 자신의 마음이 숨어 있는 은밀한 장소가 몸 속 어느 곳일까 구석구석 헤아려 보는 부분이다. 그리고 마지막 시행은 다시 화자의 동적인 마음 상태를 강물의 흐름에 비유하여 표현해 놓은 것이다. 사실 마지막 시행은 첫 시행의 정확한 반복 형태로 되어 있다. 그러나 내용상으로 볼 때 이 부분에 이르러서야 비로소 우리는 봄을 맞은 화자의 즐거운 마음이 몸 속 구석구석으로부터 끊임없이 흘러나오고 있다는 사실을 알아차리게 된다. 어느 봄날 아침 햇살에 빛나는 동백잎을 바라보면서 화자의 즐거운 마음이 몸 속으로부터 흘러나오는 상태, 이것이 바로 이 작품의 주제가 되는 것이다. 이 내용 전개 구조는 동양 전통 한시의 기승전결 구조에 정확하게 일치되고 있다.

이 기승전결 구조는 이후 「풀 위에 맺혀지는」(1930), 「밤 사람 그립고야」(1931) 등 영랑의 4행시들에서도 자주 사용되고 있다.

　　　풀 위에 맺혀지는 이슬을 본다
　　　눈썹에 아롱지는 눈물을 본다
　　　풀 위엔 정기가 꿈같이 오르고
　　　가슴은 간곡히 입을 벌린다

　　　　　　　　　　—『영랑시집』, 작품 번호 12

밤 사람 그립고야
말없이 걸어가는 밤 사람 그립고야
보름 넘은 달 그리메 마음 아이 서어로아
오랜 밤을 나도 혼자 밤 사람 그립고야

—『영랑시집』, 작품 번호 14

　두 작품 모두 각운상으로 변화를 보여주고 있는 제3행을 전환부로 하여 마지막 시행에서 화자의 마음 상태가 드러나는 구조로 되어 있다. 이와 같이 기승전결 구조는 영랑 초기시의 한 특성으로 자리잡게 된다.

3) 운율 구조의 역동성

　작품 「동백잎에 빛나는 마음」은 영랑 시의 운율적 특성을 잘 보여준다. 하나의 시작품은 운율의 틀인 율격과 운율의 결인 운율 요소들이 적절하게 결합될 때 음악성이 극대화될 수 있다. 이 작품의 경우 우선 각 시행들은 6/6/3/3/6음보로 분석된다. 6음보로 분석되는 제1행, 제2행, 제5행은 작품의 내용을 고려할 때 3음보 율격 구조가 중첩된 것으로 볼 수 있다. 그리고 제3행과 제4행도 원래 6음보였던 시행을 3음보 두 시행으로 나누어 배치한 것으로 보인다. 이렇게 볼 때 이 작품의 지배적인 율격 구조는 3음보가 되는 것이다. 널리 알려진 바와 같이 3음보는 우리 민족에게 익숙한 전통적 율격 구조의 하나로서 고려가요나 김소월의 시에서 자주 사용되었던 역동적인 율격 구조이다. 이 작품에서 채택된 3음보 율격 구조의 역동성은 봄을 맞은 화자의 즐거운 마음 상태를 표현하기에 매우 적절한 방법으로 이해된다. 이 3음보 율격 구조의 반복에 의한 운율의 역동성은 다음의 두 시행에서 생성되는 운율의 역동성과 결합하여 이 작품을 매우 음악성 있게 만들고 있다.

　　　가슴엔 듯 눈엔 듯 또 핏줄엔 듯
　　　마음이 도른도른 숨어 있는 곳

　　제3행에는 "-엔 듯"이 세 차례나 이어서 반복되고 있다. 특히 '듯' 소리의 반복에 의하여 생성되는 운율 효과는 상당히 역동적이다. 이 부분에서 생성되는 운율 효과는 음악에서 한 음표씩 끊어 연주하는 스타카토와 유사한 효과가 있는 것으로 보인다.[55] 여기에다 같은 시행에 나오는 "핏줄"의 '핏'과 다음 시행의 끝 부분 "있는 곳"의 '곳'에서 동일한 소리가 다시 반복됨으로써 이 두 시행에서 운율 효과가 크게 증가되고 있다.[56] 제3행과 제4행에서 느낄 수 있는 경쾌한 운율 효과는 제1행과 제5행에 나오는 "어딘 듯"의 '듯'과 "끝없는"의 '끝', 그리고 제2행의 "아침 날빛"의 '빛'에서 반복되는 동일한 끝소리에 의하여 크게 증대된다. 이 경쾌한 운율 효과는 제4행 첫 부분 "마음이 도른도른"이 만들어 내는 매우 부드러운 운율감과 서로 대조됨으로써 이 작품을 더욱 음악적이게 만들고 있다. 뿐만 아니라

---

[55] 이곳에서 보이는 '-엔 듯', '-엔 듯', '또', '-엔 듯'은 우리 전통 민요의 aaba 구조와 매우 유사하다. 그리고 다음 시행까지 고려할 경우에도 역시 이 구조가 사용되고 있음을 알 수 있다.

[56] 정지용의 작품「향수」(1927) 중 "-는 곳,/─ 그곳이 차마 꿈엔들 잊힐리야."라는 부분에서도 '곳'이 반복됨으로써 운율이 생성되고 있다.

이 작품 곳곳에는 유성자음 'ㄴ', 'ㄹ', 'ㅁ'이 끊임없이 반복되는데[57] 이 유성자음들의 반복 역시 이 작품의 음악성을 창출하는 중요한 요인으로 작용하고 있다.

4) 비유 구조의 난해성

이 작품의 또 다른 특징은 내용이 쉽게 파악되지 않는다는 데 있다. 그 주된 요인으로 두 가지 점이 주목될 수 있다. 첫째 요인은 강한 운율 효과에 있는 것으로 보인다. 일반적으로 시에서 운율이 강하게 되면 그것에 압도되어 의미 전달이 약화되기 쉽다. 이 작품에서도 운율의 역동성이 시의 내용을 스쳐 지나가게 만드는 요인이 되고 있다. 둘째 요인은 비유의 모호함에 있는 것으로 보인다. 봄을 맞은 화자의 마음 상태를 흐르는 강물에 비유하고 있는 제1행의 경우 형태상으로는 강물이 주어로 되어 있으나 내용상으로 볼 때 '내 마음'이 주어가 된다. '내 마음속에 흐르는 강물'로 표현되어 있다는 점에서 이러한 파악이 가능하다. 제2행의 경우 형태상의 주어는 '아침 날빛'이다. 그러나 처음 발표 당시의 제목이 「동백잎에 빛나는 마음」이라는 점을 상기할 때 이 시행은 솟아오르는 아침 햇살을 받아서 매끄럽게 윤기가 흐르는 동백잎을 바라보면서 화자가 느끼는 즐거운 마음 상태를 "빤질한 은결"에 비유하여 표현한 것이 된다. 그러므로 의미상 이 시행의 주어 역시 '내 마음'이 되는 것이다. 이와 같이 상당히 모호성을 띠고 있는 제1행과 제2행은

---

[57] 'ㄴ'이 30개, 'ㄹ'이 12개, 'ㅁ'이 13개나 사용되고 있다.

각각 화자의 마음 상태를 강물과 은결에 비유하여 표현하고 있는 것일 뿐이다.

이 시절에 발표된 「내 마음 고요히 고운 봄 길 위에」(1930)는 영랑 시의 비유를 대표할 만한 작품으로 자주 인용된다.

> 돌담에 속삭이는 햇발같이
> 풀 아래 웃음짓는 샘물같이
> 내 마음 고요히 고운 봄 길 위에
> 오늘 하루 하늘을 우러르고 싶다
>
> 새악시 볼에 떠오는 부끄럼같이
> 시의 가슴을 살포시 젖는 물결같이
> 보드레한 에메랄드 얕게 흐르는
> 실비단 하늘을 바라보고 싶다
>
> —『영랑시집』, 작품 번호 2

제1연의 "햇발같이"와 "샘물같이", 그리고 제2연의 "부끄럼같이"와 "물결같이"라는 직유들이 이미지를 형성하는 데 도움이 되지 않는 것은 아니다. 그리고 이들 시어의 각운 효과 역시 이 작품의 운율을 생성하는 데 있어서 경시될 수 없는 요소임에 틀림이 없다. 그러나 시의 중심 내용인 '고요히' 봄 하늘을 '우러르고 싶'(제1연)거나 '바라보고 싶'(제2연)은 화자의 평화로운 마음 상태를 표현하는 데 있어서 이들 비유가 기능적으로 작용하고 있는 것 같지는 않다. 이것은 당시 영랑이 사용한 비유들이 그의 작품 속에서 선명한 이미저리를 형성하는 데 효과적인 역할을 맡고 있지 못했다는 것을 의미한다.

5) 순수 서정과 운율의 상관성 문제

우리의 서정은 정확하게 측량해 내기 어려운 미묘한 뉘앙스를 갖는 세계이다. 이 미묘한 서정 세계는 이미지로 제시되는 것보다는 운율에 의하여 표현되는 것이 효과적이다. 운율은 그 속성상 자아와 세계, 세계와 세계를 서로 결합하는 마력을 갖고 있다. 일찍이 상징주의 시인 베를렌느는 유명한 그의 시론인 「시법」(Art Poétique)에서 이 점을 다음과 같이 강조한 바 있다.

무엇보다도 먼저 음악을,
그러기 위해 가장 어렴풋하고 가장 용해하기 쉬운,
허공 속에서 아무런 구애도 없는,
기수각을 택하라

또 불명과 애매함이 없는
말을 선택하려 해서는 못 쓴다 :
정확과 부정확이 하나로 합치는
회색 노래보다 귀중한 것은 없다

…(중략)…

또다시 그리고 언제나 음악을!
당신의 시가 다른 하늘과 다른 사랑을 향해 가는
영혼으로부터 달아나고 있다고 우리가 느끼는,
솟아오르는 것으로 하라.

…(하략)…

― 민희식·이재호 역편, 『반수신의 오후』, 148-150면

이와 같이 베를렌느는 "무엇보다도 먼저 음악을", "또다시 그리고 언제나 음악을!"이라고 주장함으로써 음악이 시의 핵심 방법임을 역설하고 있다. 뿐만 아니라 그는 이곳에서 "'색채'가 아니라, 오직 뉘앙스만을!"이라고 주장하여 시에서 뉘앙스의 중요성을 또한 강조하였다.

영랑의 서정 세계 역시 주로 운율에 의하여 효과적으로 표현되고 있다. 그러나 그의 시에서 이미지가 적절하게 사용되지 않은 것은 아니다. 영랑은 선명한 이미지보다는 "산허리에 슬리는 저녁 보랏빛"(「가늘한 내음」, 1930), "보랏빛의 낡은 내음", "천리 밖의 산울림", "으스름한 파스텔"(「놓인 마음」, 1948) 등과 같이 경계가 분명하지 않은 이미지들을 즐겨 사용하였다. 경계가 분명하지 않은 이러한 지각 이미지들은 계량화하기 어려운 시인 영랑의 미묘한 서정 세계를 표현하는 데 매우 적절한 방법의 하나로 이해된다.

(2) 「모란이 피기까지는」(1934)

    모란이 피기까지는
    나는 아직 나의 봄을 기다리고 있을 테요
    모란이 뚝뚝 떨어져 버린 날
    나는 비로소 봄을 여읜 설움에 잠길 테요
    오월 어느 날 그 하루 무덥던 날
    떨어져 누운 꽃잎마저 시들어 버리고는
    천지에 모란은 자취도 없어지고

뻗쳐오르던 내 보람 서운케 무너졌느니
모란이 지고 말면 그뿐 내 한 해는 다 가고 말아
삼백예순날 하냥 섭섭해 우옵네다
모란이 피기까지는
나는 아직 기다리고 있을 테요 찬란한 슬픔의 봄을

—『영랑시집』, 작품 번호 45

1) 원전 확정 문제

「모란이 피기까지는」은 명실상부하게 영랑의 대표작이자 우리 현대시문학사의 명편으로 많은 사람들에게 애송되어 오고 있는 작품이다.

1934년 4월『문학』지 제3호에 처음으로 발표되었던 이 작품은 1935년 11월에 간행된『영랑시집』에 재수록되었다. 시집에 실려 있는 작품의 원형을 제시하면 다음과 같다.

모란이 피기까지는
나는 아즉 나의봄을 기둘리고 잇슬테요
모란이 뚝뚝 떠러져버린날
나는 비로소 봄을여흰 서름에 잠길테요
五月어느날 그하로 무덥든날
떠러져누은 꼿닙마져 시드러버리고는
천지에 모란은 자최도 업서지고
뻐쳐오르든 내보람 서운케 문허졋느니
모란이 지고말면 그뿐 내 한해는 다 가고말아
三百예순날 하냥 섭섭해 우옵내다
모란이 피기까지는
나는 아즉 기둘리고잇슬테요 찰란한슬픔의 봄을

3. 대표 작품 분석

『문학』지와 『영랑시집』에 실려 있는 작품 사이에 형태상으로 큰 차이는 발견되지 않는다. 다만 『문학』지에 발표된 작품의 제5행 중 "五月 어느날"이 시집에서는 "五月어느날"로 붙여서 표기되어 있는 점이 다를 뿐이다. 당시 영랑의 작품들에서 띄어쓰기 원칙이 제대로 지켜지지 않았다는 사실을 고려할 때 이 점은 크게 문제될 것 같지 않다.

영랑은 방언이나 고어, 신조어 등을 적절하게 사용하여 작품을 창작하였던 시인이다. 이러한 계열의 시어들은 영랑 시에서 화자의 미세한 느낌을 전달하는 데 매우 효과적인 역할을 하고 있을 뿐만 아니라 운율 효과 면에서도 기여도가 크기 때문에 표준어로 바꾸어 놓는 것은 바람직하지 못하다. 그 대표적인 예의 하나가 이 작품의 제4행에서 사용된 '여흰'이라는 시어일 것이다. '여흰'의 원형인 '여희다'는 '여의다'의 고어[58]로 '사별하다', '시집보내다'라는 뜻이 있다. 의미상으로 차이는 거의 없지만 이 작품에서 선택된 '여흰'이라는 시어는 '여읜'보다 소리 효과가 큰 것으로 보인다. 그리하여 이 시어는 화자의 서러움을 강화하는 데 매우 효과적이라고 할 만하다.[59] 이러한 예는 영랑이 그의 시어를 선택하는 데 있어서 매우 세심한 배려를 하고 있었다는 것을 말해 준다.

따라서 『영랑시집』의 작품을 대본으로 삼아 원전을 확정하는 것이 바람직할 것으로 판단된다.

---

58) 고려가요 「정석가」에 "有德ᄒ신 님 여희ᄋ와지이다"가 보인다.
59) 제8행 끝 부분에서 선택된 "문허졌느니"도 고어형일 것 같다.

2) 시 형태의 완결성

이 작품은 단연시 형태로 되어 있음에도 불구하고 12행이라는 짧지 않은 시 형태를 보여주고 있다.60) 일반적으로 볼 때 이 정도의 길이로 된 작품이라면 단연시로 처리하기에는 다소 무리라고 할 수 있다. 그러나 작품의 형태를 주의 깊게 살펴볼 때 이러한 우리의 선입견이 잘못되었음을 알게 된다.

「모란이 피기까지는」은 완결된 형태 구조로 되어 있다. 이 작품의 제1행과 제2행은 마지막 부분인 제11행, 제12행과 서로 짝을 이루고 있다. 제1행은 제11행에서 그대로 반복되고 있는데 이들 두 시행은 각각 다음 시행을 위한 도입부 역할을 하는 데 불과하다. 이 두 시행에 비할 때 제2행과 제12행은 유사성과 차이성을 함께 보여주고 있어 주목된다. 두 시행이 모두 '나는 아직 기다리고 있을 테요'라는 문장 구조를 기본 골격으로 하고 있다는 점에서 서로 유사성을 갖고 있다. 그러나 제12행은 두 가지 점에서 제2행과 분명한 차이를 보인다. 우선 도치법 문장으로 되어 있다는 점이다. 일반적으로 도치법은 중심 내용을 더욱 두드러지게 표현하는 강조 효과가 있다. 이 작품의 경우 시인은 "찬란한 슬픔의 봄을"이라는 핵심 구절을 시행의 맨 마지막 자리에 배치해 놓음으로써 이 부분의 내용을 한층 강조하는 데 성공하고 있는 것이다. 그런데 더욱 중요하게 생각되는 것은 도치된 부분이 바로 이 작품의 핵심부에 해당된

---

60) 유승우(1992)의 조사에 의하면 이 시는 영랑의 작품들 중에서 '8행 이상의 긴 시로는 유일하게 연 구분을 하지 않은 작품'이다.

다는 점이다. 제2행에서 막연하게 제시되었던 시어 '나'가 이 자리에 와서 '찬란한 슬픔'으로 구체화되고 있다. '찬란한 슬픔'이라는 화자의 이 복합 정서는 문장의 단순한 반복으로는 결코 도달하기 어려운 매우 특별한 세계라고 할 수 있다. 이와 같이 영랑은 이 작품 마지막 행의 마지막 위치에 핵심 어구를 배치함으로써 시 형태에 변화를 주어 작품을 마무리하는 동시에 시 내용 또한 강조하는 이중 효과를 거두고 있는 것이다.

3) 이미지와 정서의 교차 반복 구조

내용 전개 구조상으로 볼 때 이 작품은 네 단락으로 나뉠 수 있다.61) 네 단락으로 구분이 가능하다는 점은 우선 각 문장의 종결 부분인 "테요"(제2행), "테요"(제4행), "무너졌느니"(제8행), "우옵네다"(제10행), "테요"(제12행)에서도 쉽게 확인된다. 그런데 여기에서 제8행의 "무너졌느니"를 종결 어미로 볼 것인가, 아니면 연결 어미로 볼 것인가가 문제로 대두될 수 있다. 종결 어미로 볼 경우 이 시행은 의미상 절정부에 해당된다. 이 때 제9행과 제10행은 바로 앞 단락의 내용을 요약하는 또 다른 단락으로 볼 수 있을 것이다.62) 한편, 연결 어미로 볼 경우 의미가 점차 심화되어 제10행이 절정부가 된다. 내용 구조상으로 볼 때 제9행의 "모란이 지고 말면"은 모란이 '떨어져 시들어

---

61) 양왕용(1981), 문덕수(1982), 김재홍(1986), 이승훈(1996)은 세 단락 구조로, 오세영(1998)은 다섯 단락 구조로 파악하였다.
62) 정지용의 작품 「유리창 1」의 제7행과 제8행도 이와 유사한 구조로 분석될 수 있다.

자취도 없어지고' 난 다음의 단계에 해당되는 것으로 이해될 수 있다. 시 문맥상의 의미를 고려하여 우리는 여기서 "무너졌느니"를 연결 어미로 파악하고자 한다.63) 이러한 우리의 해석은 내용 전개 구조의 분석을 통해서도 입증된다.

첫째 단락은 제1행과 제2행으로 이루어져 있다. 제1행에서는 모란꽃이 피기까지라는 객관적인 상황이 제시되고 제2행에는 기다림이라는 화자의 마음 상태가 표현되어 있다. 둘째 단락은 제3행과 제4행으로 되어 있다. 제3행에는 모란꽃이 떨어져 버린 날이라는 객관적인 상황이 제시되어 있고 제4행에는 그때 화자가 느끼게 될 서러움의 정서가 표출되어 있다. 내용상 이 단락은 첫째 단락과 서로 대립 관계에 있지만 셋째 단락으로 내용이 점차 심화되어 간다는 점64)에서 볼 때 첫째 단락과 셋째 단락 사이에 연결 고리 역할을 맡고 있다. 제5행에서부터 시작되는 셋째 단락은 제10행까지 이어지고 있다. 오월 어느 무덥던 날 이미 떨어져 버린 모란 꽃잎들이 시들어 자취마저 없어져 버리는 자연 현상을 있는 그대로 이야기하고 있는 것이 제5행에서부터 제7행까지의 주된 내용이라면 그 현상을 대하고 화자가 느끼는 절망감이 제8행에 표현되어 있다. 한편, 제9행은 모란꽃이 지고 말면 자신의 한 해도 다 가 버리고 만다는 사실을 말하고 있으며65) 그 결과 나머지 삼백예순날을 계속 울며 지내는 화자의 참담한 심정이 제10행에 표현되어 있다. 이 참

---

63) 이인복(1983)도 연결어미로 본 바 있다.
64) 제6행 "떨어져 누운 꽃잎마저 시들어 버리고는"이라는 구절에 주목하자!
65) 이 시행의 후반부에서 화자의 주관적 반응이 감지되기도 한다.

담함은 제8행의 절망감보다 한층 심화된 정서로 파악된다. 마지막 단락인 제11행과 제12행은 모란꽃이 다시 피는 객관적인 상황을 마음속에 그리면서 그 찬란한 순간을 다시 기다리는 화자의 간절한 심정을 표현함으로써 첫째 단락의 내용을 다시 한 번 반복하고 있다. 마지막 행의 이 반복 구조가 변화를 내포한 반복 구조라는 사실은 이미 앞에서 검토한 바와 같다. 이상의 분석을 통하여 알 수 있듯이 이 작품의 각 단락은 모두 객관적 이미지와 주관적 정서가 앞뒤 부분에서 서로 교차하여 반복하는 구조적 특성을 보여준다.66) 이 교차 반복 구조는 작품「모란이 피기까지는」에서 운율을 생성하는 요소의 하나가 되기도 한다.67)

이 작품에서 확인되는 바 모란꽃이 피고 짐, 그리고 시들어 없어짐과 다시 핌의 이미지로 이어지는 네 단락 구조는 우리 동양 전통 한시의 기승전결 구조에 정확하게 일치하고 있다. 기승전결 구조를 기본 틀로 하고 있다는 점에서 이 시는 전통시 계열의 작품으로 분류될 수 있다.

4) 운율 구조의 탄력성

「모란이 피기까지는」은 운율이 강한 자유시이다.68) 우선 이 작품의 운율은 4음보 율격의 반복 구조에 크게 의존하고 있다.

---

66) 교차 반복 구조는 윤동주의 「서시」에서도 발견되는 특징이다.
67) 김윤식(1979)은 이 작품의 반복 구조가 음악성의 원천임을 지적하였다.
68) 영랑(「인간 박용철」, 1939)은 자유시와 서정시를 이상적인 시 형태로 본 바 있다.

모란이∨ 피기까지는	(2음보)
나는 아직∨ 나의 봄을∨ 기다리고∨ 있을 테요	(4음보)
모란이∨ 뚝뚝∨ 떨어져∨ 버린 날	(4음보)
나는 비로소∨ 봄을 여읜∨ 설움에∨ 잠길 테요	(4음보)
오월∨ 어느 날∨ 그 하루∨ 무덥던 날	(4음보)
떨어져 누운∨ 꽃잎마저∨ 시들어∨ 버리고는	(4음보)
천지에∨ 모란은∨ 자취도∨ 없어지고	(4음보)
뻗쳐오르던∨ 내 보람∨ 서운케∨ 무너졌느니	(4음보)
모란이∨ 지고 말면∨ 그뿐∨ 내 한 해는∨ 다 가고∨ 말아	(6음보)
삼백예순날∨ 하냥 섭섭해∨ 우옵네다	(3음보)
모란이∨ 피기까지는	(2음보)
나는 아직∨ 기다리고∨ 있을 테요∨ 찬란한∨ 슬픔의∨ 봄을	(6음보)

이와 같이 각 시행은 대략 2/4/4/4/4/4/4/4/6/3/2/6음보로 분석될 수 있다. 2음보를 4음보의 변이 형태라고 할 때 이 작품은 4음보 율격 구조를 기본 틀로 삼고 있다고 할 만하다. 잘 짜여진 시작품에서 율격 구조는 의미 구조와 서로 일치한다. 이 작품에서 4음보 율격 구조의 안정감은 화자가 갖고 있는 안정된 세계관에 대응되는 것으로 파악된다. 화자는 모란꽃이 피고 지는 자연 현상을 보면서 기쁨과 슬픔이라는 이질적인 두 가지 정서를 느끼게 된다. 이처럼 화자가 두 가지 이질적인 정서를 동시에 느낄 수 있는 것은 시인의 세계관이 그만큼 높은 균형 감각에 도달해 있음을 의미한다.[69]

우리는 이 작품의 제9행, 제10행과 제12행에서 율격상의 파

---

[69] 이 경우 '시인이 삶과 우주와 세계에 대하여 달관하는 경지에 도달한 것'이라고 본 오세영(1998, 179)의 해석은 참고할 만하다.

격 현상을 발견하게 된다. 제9행과 제12행은 각각 6음보로, 제10행은 3음보로 율독될 수 있다.[70] 4음보가 지배 율격 구조로 되어 있는 이 작품에서 이 세 시행에만 율격상의 파격 현상이 집중되어 있는 것이다. 율격상의 이 파격 현상은 내용상의 변화에 일치된다. 제9행은 모란꽃이 지고 난 후의 상황을 진술하고 있는 데 반하여 제10행은 그 상황 속에서 화자가 느끼게 되는 서러운 심정을 표현하고 있다. 화자의 슬픔이 가장 고조되어 있는 이 시행은 내용상으로 볼 때 이 작품의 절정부에 해당된다. 깊은 슬픔에 빠져 균형 감각을 거의 상실하게 된 화자의 절망적인 마음 상태는 3음보 율격 구조의 역동성과 일치하고 있다.

제12행은 이제까지 진행되어 온 율격 패턴에 변화를 줌으로써 이 작품을 마무리하게 된다. 동일한 율격 패턴의 반복 구조는 시의 운율을 생성하는 요인이 되며 이 운율은 또한 의미를 강화하는 역할을 하게 된다. 그러나 동일한 율격 패턴이 작품의 처음에서부터 마지막 부분에 이르기까지 규칙적으로 반복된다면 시의 내용을 쉽게 스쳐 지나가게 만들 우려 또한 배제하기 어렵다. 제12행에서 6음보를 사용하여 율격상으로 파격을 준 것은 적절한 마무리 방식이라고 할 만하다. 이와 같이 이 작품은 율격상의 파격을 적절하게 사용하여 운율상으로 고도의 탄력성을 확보하게 된다.

이 작품의 운율은 4음보 율격 구조의 반복에만 의존하고 있

---

70) 오세영(1998)은 제10행을 4음보로 분석하고 있다.

는 것은 아니다. 율격이라는 기본 틀은 다양한 운율 요소들에 의하여 보완될 때 운율상 효과가 증대될 수 있다. 이 작품의 제1행과 제11행에서 "모란이 피기까지는"이라는 시행이 반복되는 것은 중요한 운율 요소이며 이외에도 두운 'ㅁ'(제1, 3, 9, 11행)과 'ㄴ'(제2, 4, 12행), 그리고 각운인 '-는'(제1, 6, 11행), '테요'(제2, 4행), '날'(제3, 5행), '-아'(제9, 10행) 역시 운율의 미세한 결을 생성하고 있다. 여기에 '나'(6회), '모란'(5회), '날'(4회), '봄'(3회), '테요'(3회), '피기까지는', '아직', '기다리고', '있을 테요', '떨어져'(이상 2회) 등 여러 단어들의 반복 또한 운율을 생성하는 요소가 된다. 이들 운율의 작은 결은 4음보 율격의 기본 틀과 상호 보완 관계를 이룸으로써 이 작품을 매우 음악성 있게 만들고 있다.

5) 역설로서의 "찬란한 슬픔의 봄"

「모란이 피기까지는」의 주제는 마지막 시행에 압축되어 있다.

  나는 아직 기다리고 있을 테요 찬란한 슬픔의 봄을

"찬란한 슬픔의 봄"이라는 강렬하고도 매우 인상적인 이미지는 이 주제행의 핵심부를 이루고 있다.[71] 일반적인 어법으로 볼 때 '찬란한'이라는 관형어는 '슬픔'이라는 체언을 수식하게 될 것이다. 그러나 기쁨과 슬픔이라는 화자의 복합 정서를 다

---

[71] 문덕수(1982)는 이 시행에서 유음 'ㄹ'의 반복 구조에 주목하였다.

루고 있는 이 작품 전체의 문맥상으로 볼 때 이 시어는 '봄'을 수식하는 이미지로 읽혀질 수 있다. 이렇게 읽을 경우 "찬란한 슬픔의 봄"은 '찬란한' 봄인 동시에 '슬픔'의 봄이 되는 것이다.72) 찬란함과 슬픔이라는 봄의 양면성을 하나의 시구 속에 압축하여 표현하는 이러한 시 방법은 현대시 이론가 브룩스와 휠라이트가 중시하고 있는 역설(paradox)에 해당된다. 휠라이트의 분류에 따르면 "찬란한 슬픔의 봄"이라는 표현은 표층적 역설인 모순 형용에 해당될 수 있다. 그러나 이 시구가 작품 전체의 내용을 압축하고 있는 핵심 이미지라는 사실에 주목한다면 휠라이트가 말하는 시적 역설의 대표적인 예로 보아도 좋을 것이다.73) 찬란함과 슬픔이라는 서로 대립적인 두 이미지를 사용하여 인생의 모순성과 존재의 양면성을 효과적으로 암시해 내고 있다는 점에서 그러하다.74)

이 점은 찬란함과 슬픔을 동시에 포괄하고 있는 봄이 의미하는 바가 무엇인가를 생각해 보면 쉽게 확인된다. 우선 봄은 계절로서의 봄 그 자체를 의미할 수 있다. 화자에게 봄은 모란꽃이 찬란하게 피는 기쁨의 계절인 동시에 그 아름다운 모란꽃이 곧 떨어져 사라져 버리는 슬픔의 계절이기도 하다. 그리하여 봄은 기쁨과 슬픔의 양면성을 동시에 포함하고 있는 계절로 화자에게 인식되는 것이다. 그런데 기쁨과 슬픔, 밝음과 어두움

---

72) 이러한 입장에서 해석한 연구가로는 이승훈(1990)이 있다.
73) 오세영(1998)은 '존재론적 역설'로 파악하고 있다.
74) 이육사의 시 「절정」에 나오는 "강철로 된 무지개"도 이 경우에 해당될 것 같다.

이라는 이 양면성은 우리 인생의 구조 자체에 해당되기도 한다. 이 점에서 봄은 단순히 계절의 차원을 넘어 인생을 의미하는 상징으로 확대될 수 있다.75) 이처럼 영랑은 하나의 사물을 통하여 인생의 본질을 투시하는 예리한 통찰력을 보여준 시인이다.

사실 이 작품에서 시간은 봄이라는 계절에 한정되어 있지 않고 한 해 전체로 확대되어 있다. 그런데 우리에게 있어서 한 해는 인생 전체에 대응될 수 있는 시간이다. 우리들 각자의 인생을 조금만 더 깊이 있게 생각해 보면 그것이 밝음과 어두움의 양면성을 동시에 포함하고 있다는 사실을 쉽게 발견하게 된다. 밝음은 어두움이 있기 때문에 더욱 빛을 발할 수 있고 어두움은 밝음이 있기 때문에 그 존재 의미를 또한 갖게 된다. 우리가 인생에서 어떠한 어려움이라도 기꺼이 참아낼 수 있는 것은 그 어려움을 겪고 난 후에 맞이하게 될 미래의 행복한 순간들을 믿기 때문일 것이다. 시인 영랑은 인생의 이 평범한 진실을 모란꽃이 피고 지는 대립적 이미지를 통하여 우리에게 상징적으로 표현해 놓고 있는 것이다.

6) 운율과 이미지의 균형과 조화

대부분의 음악시에서처럼 시에서 운율이 강하게 되면 의미가 약화되기 쉽고 이미지즘 시에서처럼 이미지가 강하게 되면 시가 사물화되기 쉽다. 명편「모란이 피기까지는」에서 운율의

---

75) 이인복(1983)은 봄을 인생으로 보고 이 작품을 인생시로 해석한 바 있다.

마력에 일방적으로 이끌리지 않도록 적절하게 견제해 주는 구심력은 이미지에 있는 것 같다. 이 작품은 모란꽃의 핌과 짐이라는 이미지의 선명한 대립 구조로 되어 있다는 점에서 음악성을 주로 하는 대부분의 영랑 초기시들과 차이를 보인다.76) 사실 이 작품은 내용보다는 형태미를 중시하는 영랑의 초기 음악시들과는 상당히 이질적인 면모를 보이고 있다. 상당히 이질적인 면모를 보여주는 이 작품이 영랑 시의 대표작이 되었다는 이 역설적 사실은 우리로 하여금 좋은 시의 필요 조건이 무엇인가에 대하여 다시 한 번 생각하게 만든다. 「모란이 피기까지는」이 높은 시적 성취를 거두게 된 비밀의 하나는 운율과 이미지가 절묘하게 균형과 조화를 이룬 데 있다고 할 것이다.

(3) 「오월」(1939)

들길은 마을에 들자 붉어지고
마을 골목은 들로 내려서자 푸르러졌다
바람은 넘실 천 이랑 만 이랑
이랑 이랑 햇빛이 갈라지고
보리도 허리통이 부끄럽게 드러났다
꾀꼬리는 여태 혼자 날아 볼 줄 모르나니
암컷이라 쫓길 뿐
수놈이라 쫓을 뿐
황금 빛난 길이 어지럴 뿐

---

76) 이 경우 김윤식(1979)이 이 작품에서 메시지를 주목한 것은 참고할 만하다.

얇은 단장하고 아양 가득 차 있는
산봉우리야 오늘 밤 너 어디로 가 버리련?

─『문장』, 1939. 7, 139면

1) 후기 대표작

이 작품은 1939년 7월호 『문장』지에 발표된 영랑의 후기 대표작이다. 1930년대 말에 발표된 영랑의 시들 대부분이 비교적 어두운 색조를 띠고 있었지만 이 작품은 상당히 밝은 시세계를 보여주고 있어 예외적이다. 밝은 시세계를 보여준다는 점에서 이 작품은 초기시「동백잎에 빛나는 마음」(1930) 계열의 작품으로 분류될 수 있다. 이 작품은 영랑의 초기 순수 서정시 세계가 후기시에까지 지속되고 있었다는 사실을 말해 주는 단서로 삼을 만하다.

2) 기승전결 구조의 완결성

11행의 단연시 형태로 되어 있는 이 작품은 내용 전개상으로 볼 때 네 단락으로 구분이 가능하다. 첫째 단락은 제1행과 제2행으로 이루어져 있다. 이 단락에서 영랑은 붉은 마을 골목을 푸른 들길에 대비시켜 표현함으로써 우선 농촌 마을의 풍경을 선명하게 부각시켜 놓고 있다. 둘째 단락은 제3행에서부터 제5행까지로 볼 수 있다. 푸른 들판에는 잘 자란 보리들이 바람결에 출렁거리고 있다. 물결치듯 출렁거리는 보리 이랑마다 오월의 햇살이 빛나고 보릿대들이 바람결에 휩쓸려 허리 부분까지 드러내기까지도 한다. 셋째 단락은 제6행부터 제9행까지로 되어 있다. 이 단락에는 이제껏 날지 않던 황금 꾀꼬리 암수 한 쌍이 춘흥에 겨워 이리 쫓고 저리 쫓기며 어울려 서로 희롱하고 있다. 푸른 들판 위를 어지럽게 날아다니는 황금 꾀꼬리 한 쌍이 등장하여 봄 풍경을 좀더 역동적으로 변화시키고 있는 것이다. 그리하여 셋째 단락은 내용 구조상 이 작품의 전환부에 해당된다.77) 마지막 단락은 제10행과 제11행으로 되어 있다. 오월의 이 아름다운 들판 풍경에 취한 화자는 엷게 단장한 산봉우리에게 어디론가 함께 떠나가 버리지 않겠느냐고 청하기에 이른다. 자신의 마음 상태를 산봉우리를 내세워 객관화하는 이러한 시 방법에서 우리는 영랑의 방법적 탁월성을 인정하게 된다.

  내용 전개 구조를 분석해 본 결과 우리는 이 작품 역시 동양 전통 한시의 기승전결 구조를 기본 골격으로 삼고 있음을 알게 된다. 이 구조상의 완결성은 「모란이 피기까지는」(1934)과 일치하고 있을 뿐만 아니라 「동백잎에 빛나는 마음」(1930)과도 정확하게 일치하고 있다.78) 이것으로 기승전결 구조가 영랑 시의 핵심 방법임을 알 수 있다.

  작품에서 화자의 시점은 마을에서 들판으로, 다시 산봉우리로 점차 이동해 가고 있다. 이 공간 이동 현상은 시적 대상을 바라보는 영랑의 시야가 1930년대 말경에 상당히 확대되어 있었음을 말해 준다. 영랑의 초기시가 대부분 화자의 미세한 정

---

77) 김소월의 시 「산유화」에서도 전환부인 제3연에 새가 등장하고 있어 흥미롭다.
78) 이들 세 작품이 모두 단연시 형태로 되어 있다는 점도 특기할 만하다.

서를 예리하게 포착하여 표현하는 데 집중되어 있었다는 사실을 상기할 때 시야의 이 확대 현상은 매우 커다란 변화라고 할 만하다.

3) 자유시 운율의 한 극점

문단 등단 초기에 영랑은 자유시 창작을 최상의 목표로 삼고 있었다. 그러나 당시 작품을 창작하는 데 있어서는 4행시라는 정형적인 시 형태나 3음보 내지 4음보를 기저로 하는 율격 구조를 선호하였다. 이에 비할 때 후기시인 「오월」은 영랑이 표나게 내세운 바 있는 자유시 운율을 효과적으로 성취한 대표작이라고 할 만하다. 사실 이 작품에는 4음보 율격 구조가 운율을 형성하는 기본 틀로 작용하고 있기는 하다. 그러나 영랑의 초기시들에 비할 때 「오월」에서 그 역할은 상당히 약화되어 있는 편이다.

이 작품의 운율은 동일한 어휘의 반복 구조에 크게 의존하고 있다. 우리는 우선 다음 부분의 놀라운 음악성에 주목하게 된다.

> 바람은 넘실 천 이랑 만 이랑
> 이랑 이랑 햇빛이 갈라지고

앞의 시행에서 '넘실'이라는 의태 부사가 만들어 내는 출렁거리는 듯한 물결 이미지는 이 부분에 역동감을 부여하고 있다.[79] 여기에 "천 이랑 만 이랑/이랑 이랑"으로 이어지는 다음 구절에서 선택된 '이랑'이라는 시어 그 자체가 지니고 있는 울림 효과와 이 시어가 네 차례나 반복하여 생성되는 부드러운 운율 효과에 힘입어 음악성이 크게 증대되고 있다. 뿐만 아니라 이 두 시행에서는 'ㄴ'(4회), 'ㄹ'(8회), 'ㅁ'(3회), 'ㅇ'(4회)과 같은 유성자음들이 끊임없이 반복됨으로써 운율의 부드러운 결을 만들어 내고 있다. 그러나 이 작품의 운율적 묘미는 율격 형태상으로 큰 변화를 보이고 있는 다음 세 시행에서 절정에 이른다.

   암컷이라 쫓길 뿐
   수놈이라 쫓을 뿐
   황금 빛난 길이 어지럴 뿐

 이들 각 시행의 끝 부분에서 '뿐'이라는 강한 음절이 세 차례나 반복하여 생성되는 운율 효과는 매우 크다. 여기에 '컷'이나 '쫓'과 같은 거칠고 강한 음절들이 주위에서 반복됨으로써 강한 운율 효과는 배가된다. 이 단락의 강한 운율 효과는 바로 앞 단락의 부드러운 운율 효과와 서로 대비됨으로써 운율의 역동성이 크게 창출되고 있다.
 그런데 이 작품에서 운율 구조상으로 두 가지 점이 주목될 수 있다. 그 하나는 초기시에서 강하게 작용하고 있던 3음보

---

79) 영랑은 부사를 매우 효과적으로 사용한 시인이다. 초기시 「가늘한 내음」(1930)의 다음 부분이 그 대표적인 예가 될 것이다.

  뻘 위에 철썩 갯물이 놓이듯
  얼컥 이-는 훗근한 내음

내지 4음보 율격 구조가 약화되고 시의 운율이 상당 부분 소리의 미세한 효과에 의존하고 있다는 점이다. 그리고 시의 운율 구조가 의미 구조와 정확하게 일치하고 있다는 점이 다른 하나이다. 위에서 인용된 세 시행은 이 작품의 셋째 단락, 곧 내용 구조상 전환부에 해당된다. 이 점은 꾀꼬리라는 동적 이미지의 등장에서도 쉽게 확인된다. 작품의 전환부에 해당되는 이 부분에 운율 구조상 새로운 변화를 줌으로써 내용과 형태 사이에 유기적인 조화를 이루게 만드는 시인의 솜씨는 매우 탁월하다.80) 이와 유사한 구조적 특성은 초기시 「동백잎에 빛나는 마음」(1930)에서도 검출되고 있는바, 이것은 영랑의 초기시 방법이 후기시에까지 지속되고 있다는 것을 말해 준다.

4) 색채 이미지의 대립 구조와 동양적 여인 이미지

이 작품에는 선명한 색채 이미지들이 대립적으로 배치되어 있다. 첫째 단락에서 시인은 푸른 들길과 붉은 마을 골목을 서로 대비시켜 놓고 있다. 둘째 단락에서 시인은 들판에 부는 바람과 이에 휩쓸리는 보리밭 물결을 다시 대비하여 동적인 이미지를 산출하고 있다. 그리고 셋째 단락에는 쫓기는 암꾀꼬리와 이를 쫓는 수꾀꼬리가 새로 등장한다. 이리 쫓고 저리 쫓기는 황금 꾀꼬리 한 쌍이 어지럽게 날고 있는 모습81)은 바람에 휩쓸리는 보리밭 물결보다 더욱 역동적인 이미지를 창출하고 있

---

80) 이숭원(1996, 111)은 이 부분을 '천부의 재능에 시인의 숙련이 결합된 심미적 표현의 극치'라고 높게 평가한 바 있다.
81) 이 부분은 고대가요 「황조가」를 연상케 한다.

다. 이와 같이 이 작품의 전반부 세 단락은 각각 서로 대립되는 이미지들을 적절하게 배치하여 오월의 아름다운 들판 풍경을 감각적으로 제시해 놓고 있는 것이다.82) 더욱 놀라운 것은 둘째 단락의 푸른 들판과 셋째 단락의 황금 꾀꼬리 사이의 색채 이미지의 대립 구조가 첫째 단락의 푸른 들길과 붉은 마을 골목의 대비와 더불어 이 작품을 매우 회화적인 시로 만드는 데 성공하고 있다는 점이다.

또 하나 주목되는 것은 여성 이미지가 시 전체의 핵심 구조를 이루고 있다는 점이다. 바람에 휩쓸려 드러나는 보릿대들을 부끄럽게 드러난 여인의 허리통에 비유한 것(제5행)이라든가, 산봉우리를 곱게 단장하고 아양 가득 찬 여인의 모습에 비유한 것(제10행)은 예사롭지가 않다. 오월의 들판에는 잘 자란 보리가 풍요로움을 자랑하고 암수 꾀꼬리 한 쌍이 그 푸른 들판 위를 어지럽게 날아다니며 서로 희롱하는 아름다운 풍경 속에서 산봉우리까지 새롭게 단장하고 아양을 떨고 있는 것처럼 보이는 계절이 바로 이 작품이 노래하고 있는 오월이다. 그리하여 이 무르녹는 오월의 아름다운 풍경을 대하고 서 있는 화자 역시 연인과 함께 어디론가 훌쩍 사랑의 여행을 떠나고 싶은 충동을 느끼게 되는 것은 매우 자연스럽다.

위의 비유 방법에서 드러나듯이 영랑은 시적 대상들에 동양적인 여인 이미지를 부여함으로써 우리로 하여금 그의 시세계

---

82) 이승훈(1990)은 「모란이 피기까지는」의 구조 전체에서 검출되는 대립 현상에 주목하였다. 이것으로 볼 때 대립 구조 역시 영랑 시 방법의 하나로 주목될 만하다.

에 한결 친숙하게 만들고 있다. 영랑 시가 동양 전통시 세계에 닿아 있다는 사실은 이들 여인 이미지에 의해서도 확인된다.

5) 자연과 인간의 일체화

영랑은 이미지들의 대립 구조를 사용하여 오월의 아름다운 들판 풍경을 제시한 후 마지막 단락에서 화자의 목소리를 등장시킨다. 즉, 시인은 오월의 아름다운 풍경에 취한 화자가 산봉우리에게 어디론가 함께 떠나가 버리지 않겠느냐고 청하는 것으로 작품을 마무리하고 있는 것이다. 화자의 마음 상태를 드러내지 않고 대상인 산봉우리를 통하여 간접화하는 이러한 마무리 방식은 이미지즘 계열의 시 방법에 상당히 근접해 있다. 우리 현대시문학사에서 대표적인 음악 시인으로 평가되는 영랑이 이와 같이 훌륭한 이미지즘 계열의 작품을 발표하였다는 것은 매우 흥미로운 일이다.

「오월」은 제1행에서부터 제9행까지를 전반부로, 제10행과 제11행을 후반부로 나눌 수 있다. 전반부에서는 아름다운 자연 풍경이 객관적인 이미지들로 제시되어 있고 후반부에서는 대상인 산봉우리에 합일하고자 하는 화자의 마음 상태가 암시되어 있다. 이 점에서 「오월」은 영랑 시의 일반적 세계와 차이가 거의 없다. 그러나 화자의 마음을 직접 표출하기보다는 대상을 통하여 간접화해 놓고 있다는 점에서 다른 시작품들과는 차이를 보여준다.[83]

---

[83] 이러한 객관화 방법을 적절하게 사용하고 있는 작품으로는 유치환의 「깃

화자와 세계의 합일 상태를 지향하고 있다는 점에서 이 작품은 「청명」(1935)에 이어진다. 「거문고」, 「독을 차고」(이상 1939), 「춘향」(1940) 등 영랑의 후기시들에는 현실 인식이 비교적 강하게 투영되어 있어 초기시들과는 매우 다른 면모를 보여주고 있다. 그러나 영랑의 초기시 세계와 방법이 후기시인 「오월」에까지 지속되고 있다는 점은 여러모로 음미되어야 할 것이다. 이러한 점에서도 우리는 영랑의 후기 대표작으로 「오월」에 주목하게 된다.

발」, 김기림의 「바다와 나비」, 윤동주의 「서시」가 있다.

4

시문학사적 위치

(1) 시문학파의 대표 시인

　영랑 김윤식은 1930년 3월 『시문학』 창간호를 통하여 우리 문단에 처음으로 등장한 시인이다. 그가 등단한 『시문학』지는 우리 현대시의 질적 수준을 한 단계 높여 준 시 동인지로 평가된다. 비록 통권 3호로 단명한 잡지였지만 『시문학』지는 우리 현대시문학사에서 순수 서정시를 의식하고 실천한 시 전문 잡지이기도 하였다.
　『시문학』지에 작품을 발표한 시인은 영랑 이외에도 정지용, 박용철, 이하윤, 변영로, 김현구, 허보, 신석정이 있다. 이들 8명의 소위 시문학파 시인 중에서 『시문학』지를 대표할 만한 시인으로 영랑이 단연 앞자리에 온다.
　우선 시작품의 발표량에 있어서 영랑은 다른 시인들을 훨씬 앞지르고 있다. 『시문학』 창간호의 경우, 영랑의 시가 「동백잎에 빛나는 마음」을 비롯하여 13편이 발표되었던 데 반하여 박용철의 시는 「떠나가는 배」 이하 5편, 정지용의 시는 「이른 봄 아침」 등 4편, 이하윤의 시는 「물레방아」 등 2편이 발표되었다. 『시문학』 제2호에는 영랑이 「내 마음 고요히 고운 봄 길 위에」 이하 9편, 정지용이 「바다」 등 7편, 박용철이 「시집가는 시악시의 말」 등 4편, 김현구가 「임이여 강물이 몹시도 퍼렇습니다」 등 4편, 변영로가 「고운 산길」 1편을 발표하였다. 그리고 이 잡지 제3호에는 영랑이 「내 마음 아실 이」 등 7편, 박용철 역시 「선녀의 노래」 등 7편, 정지용이 「무제」 등 4편, 김현구가 「황혼」 등 4편, 허보가 「검은 밤」 등 2편, 신석정이 「선물」 1편을 발표하였다.

　『시문학』지에 발표된 시작품은 모두 74편인데 그 중에서 영랑의 시가 29편으로 가장 많은 분량을 차지하고 박용철의 시가 16편, 정지용의 시가 15편, 김현구의 시가 8편, 이하윤과 허보의 시가 각각 2편씩, 그리고 변영로와 신석정의 시가 각각 1편씩이다. 그런데 박용철이 발표한 시작품 16편 중에는 시조가 8편[84])이나 포함되어 있고 정지용의 경우도 이미 다른 지면에 발표된 적이 있는 작품이 9편[85])이나 포함되어 있다. 이 점을

---

84) 창간호에 「비 내리는 날」 1편, 제2호에 「우리의 젖어머니」 1편, 제3호에 「애사 중에서」라는 제목하에 6편의 시조가 발표되었다.
85) 이들 9편이 발표된 지면을 구체적으로 제시해 보면 다음과 같다.
 ・『시문학』 창간호 소재(4편) : 「이른봄 아침」(『신민』 22호, 1927. 2), 「Dahlia」 (『신민』 19호, 1926. 11), 「경도 압천」, 「선취」(이상 『학조』 2호, 1927. 6)
 ・『시문학』 제2호 소재(3편) : 「피리」(『근대풍경』 2권 9호, 1927. 9), 「갑판 위」 (『문예시대』 2호, 1927. 1), 「홍춘」(『신민』 19호, 1926. 11)

고려하게 되면 영랑이 발표한 시작품 수가 박용철과 정지용이 발표한 시작품 수를 크게 앞지르게 된다.

발표된 작품 수는 당시『시문학』지 동인들이 가지고 있었던 문학적 열정에 대응되었던 것으로 보인다. 가장 많은 시작품을 발표한 영랑은 원래 비문학도였던 박용철을 문학의 길로 이끌어 들인 장본인으로 그와 함께『시문학』지 창간을 주도한 핵심 동인이었다. 사실상 편집 책임자였던 박용철은『시문학』지에 창작시를 발표하는 동시에 독일시를 활발하게 번역 소개하였다. 그는『시문학』창간호에 독일 시인 실러의「헥토로의 이별」과 괴테의「미뇬의 노래 (2)」등 2편의 시를 번역 소개한 것을 시작으로 하여 제2호에 하이네의 시「내 눈물에서는」등 10편, 제3호에도 역시 하이네의 시「원망도 않는다」등 10편을 번역 소개한 바 있다. 무명 시인이었던 영랑과 박용철에 비하여 당시 문단에서 이미 상당한 주목을 받고 있었던 기성 시인 정지용은 우선『시문학』지에 발표한 작품의 수에 있어서 영랑에 훨씬 미치지 못하고 있다. 중복 발표된 작품 9편을 제외하면 정지용이『시문학』지에 발표한 작품은 겨우 6편[86])에 불과하다. 이것은『시문학』지 제2호에서부터 동인으로 참여한 영랑의 고

・『시문학』제3호 소재(2편) :「석류」(『조선지광』65호, 1927. 3),「벚나무 열매」(『조선지광』67호, 1927. 5)

그리고 일본 잡지『근대풍경』에 발표된 작품으로는 위의「피리」이외에도「선취」(2권 3호, 1927. 3),「이른봄 아침」(2권 4호, 1927. 4),「갑판 위」(2권 5호, 1927. 5) 등 3편이 더 있다.

86)「바다」,「저녁 햇살」,「호수」,「호수」(이상 제2호),「무제」,「바람은 부옵는데」(이상 제3호).

향 친구 김현구가 발표한 작품 8편에도 미치지 못하는 숫자이다. 따라서 발표된 작품 수만을 고려할 경우 정지용은 영랑에게 『시문학』지 대표 시인으로서의 지위를 넘겨주어야 마땅하다. 정지용이 『시문학』지에 창간 동인으로 참여하여 시작품을 발표함으로써 이 잡지의 성가를 높이는 데 기여한 것은 사실이지만 시인으로서 그의 명성에 걸맞는 작품 활동을 보여주었다고 말하기는 어렵다.

　작품의 질적 수준에 있어서도 영랑을 능가할 만한 시인은 발견되지 않는다. 우선 김현구와 허보의 경우 이 두 시인이 우리 현대시문학사에서 차지하는 비중은 아주 미미하다. 그리고 변영로와 신석정 역시 『시문학』지에 발표한 그들의 작품 수준은 비교적 낮은 편이다. 이들에 비할 때 당시 시 창작과 서구시 번역을 병행하고 있던 이하윤과 박용철은 그들의 대표작을 『시문학』 창간호에 발표하였다.

　　　　끝없이 돌아가는 물레방아 바퀴에
　　　　한 잎씩 한 잎씩 이 내 추억을 걸면
　　　　물속에 잠겼다 나왔다 돌 때,
　　　　한없는 뭇기억이 잎잎이 나붓네

　　　　바퀴는 끝없이 돌 때 소리치는데
　　　　맘속은 지나간 옛날을 찾아가,
　　　　눈물과 한숨만 지어서 줍니다
　　　　……………………

나 많은 방아지기 머리는 흰데,
힘 없는 시선은 무엇을 찾는지-
확 속이다 굉이 소리 찧을 적마다
요란히 소리 내며 물은 흐른다.

―『시문학』1호, 19면

　『시문학』창간호에 발표된 이하윤의 시 2편 중에서 「물레방아」는 4음보 율격을 기본 틀로 하고 있어 우리에게 우선 친근감을 주고 있다. 그리고 끊임없이 돌아가는 물레방아 바퀴에 화자 자신의 슬픈 기억들을 하나씩 대응시켜 표현하는 방법을 사용한 것도 흥미롭다. 박용철의 경우 역시『시문학』창간호에 발표된 「떠나가는 배」와 「이대로 가랴마는」은 비교적 우수하다. 그러나 이들 두 작품을 제외한 다른 시들은 이들 수준에 크게 미치지 못하고 있다. 박용철에 있어서 창작시의 질적 저하 현상은『시문학』창간호 이후 그가 시조 창작을 병행하고 있었던 사실과 무관하지 않을 듯하다.87) 영랑도 그의 「인간 박용철」(1939)에서 지적했던 바와 같이 시조 창작은 박용철로 하여금 시작품을 창작하는 데 방해 요인으로 작용하였을 가능성이 크다.
　「떠나가는 배」는『시문학』지 시절뿐만이 아니라 그 이후 박용철의 시작 활동을 대표할 만한 작품이다.88)

---

87) 박용철은 약수장 시절부터 시조를 쓰기 시작하였다고 한다.
88) 영랑은『박용철전집』제1권의 「후기」에서 "우리 서정시를 말할 때 반드시 논의되고 최고의 찬사를 바쳐야 될 걸작"이라고 이 작품을 높게 평가한 바 있다.

나 두 야 간다
나의 이 젊은 나이를
눈물로야 보낼 거냐
나 두 야 가련다

아늑한 이 항군들 손쉽게야 버릴 거냐
안개같이 물 어린 눈에도 비춰나니
골짜기마다 발에 익은 멧부리 모양
주름살도 눈에 익은 아— 사랑하던 사람들

버리고 가는 이도 못 잊는 마음
쫓겨가는 마음인들 무어 다를 거냐
돌아다보는 구름에는 바람이 희살짓네
앞 대일 언덕인들 마련이나 있을 거냐

나 두 야 가련다
나의 이 젊은 나이를
눈물로야 보낼 거야
나 두 야 간다

—『시문학』1호, 22-23면

　　작품의 제목에서도 암시되고 있는 바 떠남의 이미지는 「이 대로 가랴마는」, 「밤 기차에 그대를 보내고」, 「시집가는 시악시의 말」(이상 1930), 「애사 중에서」(1931) 등 1930년대 초 등단 시절 박용철의 시세계를 지배하고 있었다. 아늑한 항구와 사랑하던 사람들을 모두 떠나 '앞 대일 언덕조차 마련'함이 없이 어디론가 '쫓겨가야' 하는 젊은 화자의 마음에서 일제 식민지하의 고달픈 유·이민적 삶에 대한 인식이 어느 정도 감지된다.

  이 작품은 기승전결의 탄탄한 내용 전개와 마지막 연의 반복과 변이 형태 등 잘 다듬어진 시 구조를 보여주고 있다. 그럼에도 불구하고 이 작품에는 화자가 떠나가는 이유가 드러나 있지 않은 점, 화자의 감정적 진술에 지나치게 의존하고 있는 점 등 1920년대 우리 문단에서 풍미하던 감상적 낭만주의 계열의 작품들과 차이가 거의 없다. 이 경우 이 작품의 창작 과정에 대한 박용철 자신의 회고는 매우 유익한 참고 자료가 된다.

> 꿈같이 드르누운데 어쩐지 눈물 흘리며 떠나가는 배가 보이데. 그저 떠나가는 배일 뿐이야. 그래 그대로 풀어놓은 것이 그 시가 되었네.
>
> ―『박용철전집』 2권, 328면

  '그대로 풀어놓은 것이 이 시'라는 위의 구절에서 우리는 '강한 감정이 자발적으로 흘러넘치는 것'을 시라고 본 낭만주의 시인 워즈워스의 유명한 시론을 떠올리게 된다. 박용철은 1930년 9월 어느 날 영랑에게 보낸 편지에서 이 시기에 이르러 비로소 '속에 덩어리'가 있어야 시가 나오는 것을 깨달았다고 고백한 바 있는데(『박용철전집』 2, 326) 이 말 역시 박용철이 그의 시에서 정서를 중요하게 생각한 증거로 삼을 만하다.

  이렇게 볼 때 작품의 질적 수준 면에서 영랑에 견줄 만한 시문학파 시인으로 정지용이 남게 된다. 1926년 3월에 쓴 것으로 작품 말미에 부기되어 있는 「이른봄 아침」은 정지용이 『시문학』 창간호에 발표한 4편의 시작품 가운데 가장 우수하다.

『시문학』 창간호에는 동인들의 대표작이 그들 각자의 작품들 맨 앞자리에 배치되어 있다. 우선 영랑의 초기 대표작인 「동백잎에 빛나는 마음」이 잡지 창간호의 맨 첫머리를 장식하고 있고, 이하윤의 대표작 「물레방아」와 박용철의 대표작 「떠나가는 배」 역시 그들 각자의 작품들 맨 앞에 배치되어 있는 것이다. 이러한 맥락에서 볼 때 정지용의 시작품들 중 맨 앞자리에 배치되어 있는 「이른봄 아침」 또한 그 중요도가 인정될 만하다. 우수한 시작품을 앞에 내세우는 이러한 치밀한 배치에는 편집 책임자인 박용철과 시문학파 시인들의 비평적 안목이 작용한 결과로 보인다.

    귀에 설은 새소리가 새어 들어와
    참한 은시계로 자근자근 얻어맞은 듯,
    마음이 이 일 저 일 보살필 일로 갈라져,
    수은 방울처럼 동글동글 나동그러져,
    춥기는 하고 진정 일어나기 싫어라.

    *

    쥐나 한 마리 움켜잡을 듯이
    미닫이를 살포—시 열고 보노니
    사루마다 바람으론 오호! 추워라.
    마른 새삼 넝쿨 사이 사이로
    빠알간 산새 새끼가 물렛북 드나들 듯.

    *

새 새끼와도 언어 수작을 능히 할까 싶어라.
날카롭고도 보드라운 마음씨가 파닥거리어.
새 새끼와 내가 하는 에스페란토는 휘파람이라.
새 새끼야 한종일 날아가지 말고 울어나 다오,
오늘 아침에는 나이 어린 코끼리처럼 외로워라.

   *

산봉우리- 저쪽으로 돌린 프로우피일-
패랭이꽃빛으로 불그레하다,
씩 씩 뽑아 올라간, 밋밋하게
깎아 세운 대리석 기둥인 듯,
간뎅이 같은 해가 이글거리는
아침 하늘을 일심으로 떠받치고 섰다,
봄바람이 허리띠처럼 휘이 감돌아 서서
사알랑 사알랑 날러 오노니,
새 새끼도 포르르 포르르 불려 왔구나.

   *

산에서 새 새끼가 찾아왔다.
빠알간 보니트를 쓰고 왔다.
빠알간 보니트가 하나 있었으면-
사철 발벗은 어린 누이 씌워주고
호호호 손뼉치며 놀려대 볼까.
내 어린 누이도
아아, 산에서 온 조그마한 손님이어니.

         —『시문학』 1호, 12-14면

일어나기 싫은 이른봄 추운 아침에 화자는 산에서 날아온 빨간 산새 새끼 한 마리를 우연히 발견하게 된다. 외로운 화자는 그 낯선 산새 새끼가 온종일 자신과 함께 지내 주기를 간절하게 바란다. 그 빨간 산새 새끼를, 빨간 보닛 모자 쓴 어린 아이로 생각하는 화자는 그와 같은 예쁜 모자를 자신의 가난한 어린 누이 동생에게도 씌워 주고 함께 놀고 싶어한다. 결국 화자는 마지막 두 시행에서 그 산새 새끼를 자신의 어린 누이 동생과 동일시하기에 이른다.[89]

　내용상으로 매우 긴밀한 짜임새를 보여주고 있는 이 작품에는 ① '듯', '처럼' 등 직유가 많이 사용되어 있고, ② '자근자근', '둥글둥글', '살포-시', '사알랑 사알랑', '포르르 포르르' 등 다양한 의태어가 구사되고 있으며, ③ 운율보다는 시각적 이미지들이 주된 방법으로 채택되어 있다. 이와 같이 정지용 시의 방법적 특성을 다양하게 보여주고 있는 이 작품은 1927년 2월호 『신민』에 이미 발표된 바 있어 문학사적 의미는 상당히 감소된다. 뿐만 아니라 『시문학』 창간호에 발표된 나머지 3편의 작품도 모두 다른 지면에 이미 발표된 바 있었던 것들이다. 이렇게 볼 때 진정한 의미에서 정지용의 시문학과 문학 활동은 「바다」, 「호수」 등 4편의 새로운 시작품[90]이 발표된 『시문학』 제2호에서부터 시작된다고 보는 것이 적절하다.

---

89) 이 작품의 마지막 연은 그의 대표작 「향수」와 「유리창 1」의 구절과 이미지들을 연상케 하여 흥미롭다.
90) 이들 작품도 정지용의 다른 작품들처럼 이미 발표되었을 가능성 또한 배제하기 어렵다.

「바다」는 『시문학』 제2호의 맨 앞자리에 배치되어 있는 작품이다. 이 배치 방식은 「바다」가 『시문학』 제2호를 대표하는 작품임을 암시하고 있다.[91)]

고래가 이제 횡단한 뒤
해협이 천막처럼 퍼덕이오.

…… 흰 물결 피어 오르는 아래로 바둑돌 자꾸 자꾸 내려가고,

은방울 날리듯 떠오르는 바다종달새 ………

한나절 노려보오 훔켜잡어 고 빨간 살 뺏으려고.

  *

미역 잎새 향기한 바위 틈에
진달래꽃빛 조개가 햇살 쪼이고,
청제비 제 날개에 미끄러져 도—네
유리판 같은 하늘에.
바다는— 속속들이 보이오.
청댓잎처럼 푸른
바다
봄

---

91) 『시문학』지 제3호에는 박용철의 「선녀의 노래」가 첫머리에 배치되어 있다. 이러한 배치 방식은 『시문학』지 제1호, 제2호, 제3호가 각각 영랑, 정지용, 박용철 특집호 성격을 띤다는 것을 말해 준다.

꽃봉오리 줄등 켜 듯한
조그만 산으로— 하고 있을까요.

솔나무 대나무
다옥한 수풀로— 하고 있을까요.

노랑 검정 알롱달롱한
블랑키트 두르고 쪼그린 호랑이로— 하고 있을까요.

당신은 '이러한 풍경'을 데불고
흰 연기 같은
바다
멀리 멀리 항해합쇼.

—『시문학』 2호, 4-6면

 언뜻 김기림의 유명한 장시 「기상도」(1935)의 첫 부분 "비늘/돋친/해협은/배암의 잔등/처럼 살아났고"를 연상케 하는 이 작품의 서두는 매우 참신한 비유로 시작되고 있다. 고래가 횡단한 뒤 해협의 역동적인 풍경을 펄럭이는 천막 이미지로 감각화하여 제시하는 방법은 놀랍기까지 하다. 정지용은 자신이 체험한 해협의 모습을 우리가 일상 생활에서 흔히 경험할 수 있는 천막에 비유하여 표현함으로써 풍경에 구체성을 부여하는 데 성공하고 있다. 다음 부분에서 시인은 흰 바다 물결 아래로 서서히 가라앉고 있는 바둑돌과 바다 위로 가볍게 솟아오르는 바다종달새를 서로 대비시켜 놓은 후, 바다 속 바위 틈에서 햇살을 쪼이고 있는 붉은빛 조개와 맑은 하늘을 날고 있는 청제비를 다시 한 차례 더 대비시키고 있다. 특히 이 작품의 전반부에서 흰 색과 푸른 색의 색채 이미지 대비 또한 상당히 돋보인다. 이와 같이 정지용은 바다 속과 바다 위, 흰 색과 푸른 색 이미지를 서로 대비시켜 놓음으로써 그가 포착한 바다 풍경을 입체적으로 그려 내고 있는 것이다. 이곳에서 시인은 '처럼', '듯', '같은' 등의 직유를 사용하여 선명한 이미지를 제시하고 있다. 뿐만이 아니라 셋째 단락에서 동일한 문장 구조인 "-하고 있을까요"를 세 차례나 반복하고 "노랑 검정 알롱달롱한／블랑키트"라는 시구의 놀라운 울림 효과92)에 힘입어서 이 작품을 매우 운율감 있게 만들고 있다. 그리고 재수록된 「갑판 위」(1927) 또한 선명한 이미지가 돋보이는 작품이다. 선명한 이미지를 제시하고 있는 이 두 작품을 같은 호에 동시에 발표함으로써 정지용은 우리 현대시문학사에서 이미지즘 계열의 시인으로 자리잡게 된다. 이와 같이 시 방법상의 우수성이 인정되기는 하지만 「바다」의 후반부에는 의미상 모호한 부분이 다수 포함되어 있고 시 형태 또한 상당히 분산되어 있어서 이미지즘 시학과 거리가 있는 것 또한 사실이다.

　「호수」의 경우 이미지의 신선도에 있어서는 「바다」에 다소 떨어지지만 화자의 애틋한 그리움의 정서를 짤막한 시 형태 속에 효과적으로 압축하여 표현해 놓고 있다.93)

---

92) 일찍이 시인 이상은 정지용의 작품 「말」(1927)에 나오는 "검정콩 푸렁콩을 주마"라는 구절의 매력에 주목한 바 있다.
93) 『시문학』지에는 정지용의 단형시가 또 다른 작품인 「호수」(제2호)와 「바람

얼굴 하나야
　　손바닥 둘로
　　폭 가리지만,

　　보고 싶은 마음
　　호수만 하니
　　눈감을밖에.

　　　　　　　　　—『시문학』 2호, 11면

　화자는 자신의 얼굴 하나는 두 손바닥으로도 충분히 가릴 수가 있지만 보고 싶은 자신의 마음은 너무 커서 도저히 가릴 수가 없다고 고백한다. 보고 싶은 마음이 너무 크고도 간절하여 눈을 감을 수밖에 없다는 화자의 절제된 표현 방식은 상당한 여운을 남긴다. 아마도 눈을 감는 행위는 보고 싶은 마음을 없애기 위하여 화자가 선택하게 되는 최선의 방책일 것이다. 그러나 마음은 우리의 의지대로 통제될 수 있는 성질의 것이 아니다. 눈을 감고 잊으려고 노력하면 할수록 더욱더 보고 싶은 얼굴이 떠오르는 것은 우리들이 일상 생활에서 자주 체험할 수 있는 세계이다. 감을수록 떠오르고 잊으려고 하면 할수록 더욱더 보고 싶은 얼굴, 이것이 바로 삶의 역설적 진실이라는 사실을 시인 정지용은 짤막한 시 형태 속에 압축하여 표현해 놓고 있는 것이다.94) 이 작품에서 보여주고 있는 바 정제된 단

은 부웁는데」(제3호) 등 2편이 더 발표되었다. 전자는 2행 2연시로 이 작품보다 행수가 적고, 후자는 4행 단연시로 행수는 적으나 시행이 좀더 길다.
94) 영랑 역시 『시문학』 제2호에 발표된 4행시 「언덕에 누위」(1930)에서 "눈만

형시 형태는 집중을 시의 본질로 삼고 있는 서구 이미지즘 시학에 일치된다.

　이와 같이 『시문학』지 시절 정지용의 시들에는 감각적 이미지들이 다양하게 사용되고 있다. 정지용은 우리 현대시문학사에서 이미지의 중요성을 새롭게 인식하고 다양한 이미지들을 적절하게 사용하여 우리 시의 수준을 한 단계 높여 준 '최초의 모더니스트' 시인이었다. 그는 김기림이 「모더니즘의 역사적 위치」(1939)에서 지적한 것처럼 1920년대의 감상적 낭만주의와 편내용주의 시를 모두 극복하여 1930년대 우리 시를 근대 모더니즘 시로 나아가게 만든 대표적인 시인이었다. 1930년대 초기 시문학파가 보여준 모더니즘적인 면모는 주로 정지용의 작품 활동에 의하여 이루어졌다고 할 만하다.

　영랑은 『시문학』지에 「동백잎에 빛나는 마음」(창간호)을 비롯하여 「내 마음 고요히 고운 봄 길 위에」(제2호), 「내 마음 아실이」(제3호) 등 주옥 같은 서정시들을 집중적으로 발표하였다. 이들 작품의 제목에서도 드러나 있는 바와 같이 당시 영랑의 관심은 주로 '내 마음'의 세계를 탐구하는 데 집중되어 있었다. 「이른봄 아침」과 「바다」에서 확인되는 것처럼 정지용이 외적인 풍경을 감각적 이미지들을 사용하여 객관적으로 제시하고자 노력하였다면, 영랑은 자아의 내밀한 정서를 부드러운 운율로 노래하는 데 몰두하였다. 자아의 내밀한 정서를 지속적으로 탐구하여 표현하였다는 점에서 영랑은 우리 현대시문학사에서

　감으면 떠오는 얼굴"이라는 표현을 사용하고 있다.

독자적인 영역을 개척한 시인임에 틀림없다.

「떠나가는 배」에서 확인되는 바와 같이 박용철의 서정이 다분히 감상적인 성향을 보였다면 영랑의 서정은 어느 정도 균형 감각을 유지하고 있었다. 시문학파 시절 영랑이 그의 시에서 정서적 균형 감각을 유지할 수 있었던 것은 이질적인 두 세계를 동시에 포괄할 수 있는 건전한 시정신을 그가 소유하고 있었기 때문이다. '촉기'로 요약되는 그의 시정신은 영랑 개인에 국한된 것이 아니라 우리 민족 전체의 보편적 정신에 뿌리를 박고 있었다. 이 점에서 영랑은 전통시 계열의 시인으로 분류될 수 있을 것이다.95) 1930년대 시문학파가 보여주는 전통시적 성향은 영랑의 시작품 활동에 주로 의존하고 있었다고 하겠다.

영랑의 시작품들은 시문학파 시인들 중에서 가장 음악적이다. 시에서 음악성을 창출하기 위하여 영랑은 율격적 틀과 운율적 결을 적절하게 결합하였다. 그리고 영랑은 그의 작품에서 방언이나 신조어는 물론, 시행의 반복과 변형, 압운법, 유포니 현상 등 다양한 운율적 요소들을 적절하게 사용하였다.

영랑의 정서는 주로 운율에 의하여 표현되고 있다. 정서의 내밀성은 운율이 갖고 있는 마력적인 결합력에 의하여 효과적으로 표현될 수 있다.96) 일찍이 이 점을 간파하고 지속적으로

---

95) 김현(김윤식·김현, 1973, 215)은 영랑을 "한국어의 재래적 가치를 보존하고 그것을 예술적으로 다듬는 것이 시인의 중요한 임무라고 생각한 시인"으로 보고, '사라져 가는 한국적인 것의 아름다움, 혹은 애잔함을 노래한 그의 감정의 주된 기조음은 아스라함, 애잔함 등의 복고적 리리시즘'이라고 평가한 바 있다.
96) 김현(1981)은 영랑의 시에서 감각 역시 '경계를 잃고 하나가 된다'고 지적

탐구하였다는 데 시인 영랑의 우수성이 인정된다. 잘 알려져 있는 바와 같이 시의 방법론으로 운율을 강조한 것은 상징주의 시인 베를렌느에서부터였다. 영랑이 한때 베를렌느를 사숙한 사실은 음악성을 주로 하는 그의 시작품을 이해하는 데 중요한 열쇠가 될 수 있다. 시문학파 시절 영랑의 시 방법적 특성은 기승전결 구성법을 즐겨 사용한 점이다. 「님 두시고 가는 길의」, 「풀 위에 맺어지는」, 「다정히도 불어오는」(이상 1930), 「밤 사람 그립고야」(1931) 등 그의 4행시들이 보여주는 구조적 완결성은 이 시절 정지용의 시에서 보이는 산문적 성향과 대비될 만하다.[97] 4행시 구조의 완결성은 이후 영랑 시 전체의 구조적 특성으로 자리잡게 된다.

이상에서 검토한 바와 같이 시문학파 시절 영랑의 시세계와 방법은 영랑을 시문학파의 대표 시인으로 평가하기에 부족함이 없다. 이 점은 시문학파 핵심 동인 박용철의 글들을 통해서도 입증되고 있다.

『시문학』제3호 「편집 후기」에서 박용철은 "우리의 감각에 여릿여릿한 기쁨을 일으키게 하는 자극을 전하는 미"를 시문학파 시가 추구한다고 밝혀 놓은 바 있다. 이곳에서 '우리'는 시문학파 전체를 지칭하고 있는 말이지만 사실상 이 말은 유미주의자 영랑을 염두에 두고 사용한 것이 분명하다. 이 사실은 박

하였다.
[97] 일찍이 김춘수(1958)는 정지용의 시가 이미지즘 쪽으로 기우는 반면, 영랑의 시는 서정주의 쪽으로 기운다고 파악하고, 형태상으로 볼 때 전자가 산문시로, 후자가 정형시로 기울 가능성이 있음을 언급한 바 있다.

용철의 평론 「신미 시단의 회고와 비판」(1931)과 「병자 시단 일년 성과」(1936)에서 차례로 확인된다.

> 영랑의 시를 만나시려거든 『시문학』지를 들추십시오. 그의 4행곡은 천하 일품이라고 나는 나의 좁은 견문을 가지고 단언합니다. 미란 우리의 가슴에 저릿저릿한 기쁨을 일으키는 것(A thing of beauty is a joy forever.)이라는 것이 미의 가장 협의적이요 적확한 정의라 하면 그의 시는 한 개의 표준으로 우리 앞에 설 것입니다. 그의 고귀한 결벽성이 『시문학』 이외의 무대에 얼굴을 나타내지 않는 것이 섭섭한 일입니다.
> —『박용철전집』 2권, 79면

> 그는 유미주의자다. 그는 키이츠의 구 a thing of beauty is a joy forever '아름다운 것은 영원한 기쁨이다'를 신조로 한다. 그러므로 가슴에 저릿저릿하게 감각의 기쁨을 일으키게 하는 한 폭의 풍경화나 또는 (…)
> 그는 부자유 빈궁 같은 물질적 현실 생활의 체취를 작품에서 추방하고 될 수 있는 대로 순수한 감각을 추구한다. 그는 의식적으로 언어의 화사를 버리고 시에 형태를 부여함보다 떠오르는 향기와 같은 자연스러운 호흡을 살리려 한다. (…) 그의 신경은 어디까지 섬세하고 감정은 부풀어오르지 않고 가라앉은 가운데서 섧고 애틋하고 곱고 쓸쓸하다.
> —『박용철전집』 2권, 106-108면

이들 인용문에서 두 가지 사실이 분명해진다. 우선 당시 박용철이 추구하고 있던 미가 키이츠의 유미주의에 근원을 두고 있었다는 점이다. 『시문학』 제3호 「편집 후기」에서 박용철이 사용한 "우리의 감각에 여릿여릿한 기쁨을 일으키게 하는"이라는 매우 인상적인 구절이 사실은 키이츠의 "A thing of beauty is a joy forever."라는 구절을 의역한 것임이 드러난다. 그리고 다른 하나는 키이츠의 유미주의를 신조로 하여 작품을 쓴 대표적인 순수 시인이 영랑이었다는 점이다. 영랑이 가능한 한 순수한 감각만을 추구하고 시에 자연스러운 호흡을 살리려고 하였다는 박용철의 지적은 영랑이 순수 시인이었다는 사실을 이야기한 것에 다름 아니다.98) 뒤의 인용문에서 확인되는 바와 같이 5년의 세월이 흐른 뒤에도 비평가 박용철은 시문학파를 대표하는 시인으로 영랑을 내세우는 데 변함이 없다. 박용철의 이러한 평가는 영랑이 시문학파가 추구하는 순수시 세계를 대표하는 시인이라는 사실을 말해 주는 증거가 된다.

(2) 최고의 순수 서정 시인

영랑은 우리 현대 서정시의 맥을 지켜 온 시인이다. 1920년대 전반기의 김소월에서 1930년대 중반기의 서정주에 이르는 우리 서정시의 전통을 이어 준 시인이 바로 영랑이었다(김현, 1981). 일찍이 정지용은 그의 「시와 감상」(1938)에서 이 점을 다음과 같이 언급해 놓고 있다.

---

98) 이들 사실로 미루어 볼 때 『영랑시집』 속에 키이츠의 "A thing of beauty is a joy forever."라는 구절을 삽입해 놓은 사람도 박용철이었을 가능성이 크다.

> (…) 그 당시에 범람하던 소위 경향파 시인의 탁랑에서 천부의 시적 생리를 유실치 않고 고고히 견디어 온 영랑으로 인하여 조선 현대 서정시의 일맥 혈로가 열리어 온 것이 아닌가 생각된다.
> ―『여성』 3권 9호, 70면

비록 단평의 수준에 머물고 있기는 하지만 정지용에 의하면 영랑은 프로계 시인들이 맹위를 떨치고 있던 1930년대 초 혼탁한 문단 상황 속에서 우리 현대 서정시의 전통을 꿋꿋하게 지켜 낸 유일한 시인이 되는 것이다. 시문학파 시인으로 함께 활동한 바도 있는 정지용이 이 글에서 영랑을 천부적인 서정 시인으로 평가한 것은 1930년대 초에 박용철이 시문학파를 대표하는 유미주의 시인으로 영랑을 내세운 것과 일맥 상통하고 있다. 이것은 시문학파 시인들이 영랑을 당대 최고의 서정 시인으로 인정하고 있었음을 의미한다. 정지용에게서 시작된 영랑의 시문학사적 평가는 해방 이후 서정주로 이어진다. 서정주는 「조선의 현대시」(1950)[99]에서 영랑을 1930년대 '순수시파'에 포함시키고 그의 시에서 '음악적 리듬과 정서'를 주목하게 된다.

1930년대 이 땅에는 순수 문학이 대두할 만한 외적 요건이 마련되고 있었다. 국제적 파시즘의 물결이 팽배해 가고 있었고, 그에 따라서 일체의 사상 운동이 금지되었다. 지식인 계층이 양적으로 팽창하고 질적으로도 성숙하였는가 하면 모국어 의식의 고조와 저널리즘의 양적 팽창 등 문학 매체가 급격하게 변화되어 가고 있었다(오세영, 1989, 103-107). 이러한 사회·문화

---

[99] 이 글은 후에 보완되어 『한국의 현대시』(1969)에 재수록되었다.

적인 변화들은 당시 문단을 주도하고 있던 프로 문학을 쇠퇴하게 만드는 중요한 요인으로 작용하게 되었고 그 결과 순수 문학이 새로 등장하는 계기가 되었다.

당대의 사회·문화적인 분위기에 힘입어 1930년대 초에 형성된 시문학파는 시에서 순수 서정을 노래하고, 지적인 요소를 가능한 한 배제하며, 여성적인 표현을 즐겨 사용하는가 하면, 시의 언어에 대하여 가치를 부여하고 언어의 감각성을 추구함으로써(오세영, 1989, 109) 순수 서정시 운동을 주도해 나가게 된다. 이 시문학파의 중심부에 영랑의 순수 서정시들이 자리잡고 있었던 것이다.

영랑의 시들은 순수시의 한 전형을 보여준다. 이 점을 좀더 깊이 있게 검토하기 위하여 순수시에 대한 원론적인 이해가 우선 필요하다. 이 경우 순수시에 대한 오세영의 다음 논의는 매우 중요한 논거를 제공해 주고 있다.

순수시란 19세기 프랑스 상징주의 시인들에 의해 일반화된 개념인데, 사전적 정의를 따르자면 그것은 넓은 의미로 비본질적인 것을 제거하고 본질적인 요소들만 추출하여 창작한 시를 가리킨다. 순수시의 정신은 포우가 "시란 강한 밀도를 지니고 음악에 일치하는 효과의 서정에 본질을 두며 오로지 심미적인 현상에만 몰두할 뿐 지성이나 모랄엔 초연해야 된다."는 언명에 토대를 두고 있다. 상징주의 시인들은 이와 같은 포우의 시관에 지주를 대고 특히 발레리의 경우 "시란 물리학자가 순수한 물이라고 할 때의 순수"를 지녀야 하며, "음악을 듣고 우리의 신경 조직이 반응하는 것과 같은 효과의 절대성"을 추구해야 한다고 주장하였다. 순수시는 당대 상징주의 시인들의 고백과 같이 실제에 있어서는 도달하기 어려운 시의 한 이상이었다. 그러나 그들은 그 이상에 도달하기 위하여 부단히 노력하였다. 그리고 20세기에 들어와서 순수시의 전통은 영미의 이미지즘에 그 뿌리를 내렸다.

― 오세영, 『20세기한국시연구』, 100-101면

이곳에서 우리는 순수시가 19세기 프랑스 상징주의 시인들에 의해서 일반화된 개념이라는 점, 순수시의 정신은 포우의 시관에 토대를 두고 있다는 점, 상징주의 시인 발레리는 시가 절대성을 추구해야 한다고 주장했다는 점, 순수시의 전통이 20세기 초 영미 이미지즘으로 이어졌다는 점 등을 알 수 있다.

위의 인용문 중에서 특히 우리의 주목을 끄는 부분은 시가 '음악에 일치하는 효과의 서정에 본질을 두며 오로지 심미적인 현상에만 몰두'할 뿐이라는 포우의 구절과, 시가 '음악을 듣고 우리의 신경 조직이 반응하는 것과 같은 효과의 절대성'을 추구해야 한다는 발레리의 주장이다.[100] 포우는 시에서 서정을 강조하였고 발레리는 시가 절대성을 추구할 것을 주장하였다. 이러한 차이점에도 불구하고 그들의 서정과 절대성이 모두 음악적인 효과에 일치하는 것으로 언급되어 있다는 점에서 유사하다. 발레리가 시에서 음악적인 효과를 중시하였다는 사실은 그의 글 「순수시」 속에 좀더 분명하게 드러나 있다.

순수시라고 하는 대신 '절대시'라고 하는 편이 아마 더욱 좋을

---

[100] 오세영(1989)의 이 부분은 송욱의 『시학평전』(1963)에서 재인용한 것으로 되어 있으나 1981년 중판본에는 이 내용이 발견되지 않는다.

것이다. 그리고 절대시의 뜻은 낱말의 관계 혹은 낱말 상호간의 반향의 관계가 빚어내는 효과의 탐구를 말한다.
  이는 결국 '언어가 지배하고 있는 감수성의 모든 판도를 탐구하는 것'을 암시한다.

— 송욱, 『시학평전』, 273면

절대시가 '낱말 상호간의 반향의 관계가 빚어 내는 효과'를 탐구한다고 했을 때 이것은 발레리가 언어의 음악적인 효과를 중시하고 있었다는 것을 의미한다.101) 발레리에 의하면 언어의 음악적인 효과만이 절대시의 본질에 해당될 것이다. 그러나 발레리의 이러한 생각은 소리와 뜻이 긴밀하게 결합되어 있는 언어 본래의 성격에 비추어 볼 때 도달하기 어려운 이상론에 불과하다.102) 발레리의 이상론에 비할 때 순수시에서 오직 '시적 정서'만을 허용하고 있는 하우스만의 시론 「시의 명칭과 성질」에 나오는 다음 구절은 음미해 볼 만한 가치가 있다.

---

101) 유제식(1983, 166, 187)에 의하면 '시인은 언어의 순수한 사용에 의해 음악에 이를 수 있다'는 것이 말라르메의 신조였으며, '언어는 그 극한의 한계로서 한편에는 음악을, 또 한편에는 대수를 갖는다'고 생각한 사람이 발레리였다. 사제간이었던 이 두 사람은 언어의 음악성을 중시하고 있다는 점에서 일치된다.
  『박용철전집』 제1권의 「후기」에서 영랑은 "음향에 귀가 어둡다고 못마땅해 하던 벗이 넉넉히 시구의 음향적 연락을 한 번 캐어 보고 다 알지 않았던가."라고 회고한 바 있는데 이곳에서 영랑이 말한 '시구의 음향적 연락'이 바로 발레리의 구절과 유사하다.
102) 발레리는 그의 「순수시」에서 "이것(순수 — 인용자)은 도달하기에 불가능한 목표이며, 시는 언제나 이 순수한 이상적인 상태에 이르기 위한 하나의 노력인 것"이라고 말해 놓고 있다.

블레이크는 늘, 셰익스피어는 이따금, 우리에게 순연한 시, 의미가 아주 적게 섞여 있기 때문에 시적 정서 이외의 것은 간취되지도 않고 상관되지도 않는 시를 준다.

—『박용철전집』 2권, 64면

비록 블레이크와 셰익스피어의 시를 대상으로 논의하고 있는 것이기는 하지만 이곳에는 하우스만이 정서를 순수시의 본질로 파악하고 있다는 사실이 분명하게 드러나 있다. 그리고 하우스만은 시작 기술의 성공이 "본능적 분별과 청각의 자연적 우수에 의거하는 것"(『박용철전집』 2, 53)으로 파악하고 있는데 이 구절에서 우리는 하우스만이 음악적 효과를 시 창작 기술의 요체로 중시하고 있다는 것을 알게 된다.

이상에서 알 수 있듯이 포우와 하우스만은 정서를 순수시의 본질로 생각하였다. 그리고 발레리를 포함하여 이들 모두는 순수시에서 음악적인 효과를 중시하고 있다. 이들 대표적인 순수시론가들은 정서와 음악적인 효과, 즉 음악성을 순수시의 본질적 요소로 중시하고 있는 것이다. 이로 볼 때 순수 서정과 음악성을 시적 특성으로 하고 있는 영랑은 우리 현대시문학사에서 대표적인 순수 서정 시인으로 평가될 만하다.

영랑은 1930년 등단 초기에서부터 1930년대 말까지 순수 서정시를 지속적으로 창작하여 발표한 시인이다. 그의 데뷔작 「동백잎에 빛나는 마음」(1930)에서 출발하여 대표작 「모란이 피기까지는」(1934)을 거쳐서 후기작 「오월」(1939)에 이르는 10년간의 시적 여정이 이러한 평가를 가능하게 한다. 사실 영랑은 1934년 『문학』지 시절부터 시 형태가 길어지기 시작하는가 하면 그의 시작품 속에서 의미 또한 중시되는 방향으로 시적인 변모를 보여준다. 그뿐만 아니라 1939년 이후에는 「거문고」, 「독을 차고」(이상 1939) 등 일제 식민지하의 어두운 시대 상황에 대한 날카로운 인식을 보여주는 작품들도 발표하였다. 시세계의 이러한 변모에도 불구하고 영랑에게 있어서 초기의 순수 서정시 세계가 지속되었다는 사실은 그의 말년에 쓰여진 「오월 아침」(1949), 「오월 한」(1950) 등 「오월」 계열의 작품들에서도 확인된다.

  1930년대에 우리 시단에 등장하여 문학적 성과를 거둔 유파로는 시문학파 이외에도 모더니스트, 생명파, 자연파가 있다. 넓은 의미로 볼 때, 이들 역시 순수시 계열의 시인으로 분류될 수 있을 것이다. 그렇지만 이들 시인의 시세계를 영랑의 그것과 비교해 볼 때 영랑이 1930년대 순수 서정시를 대표할 만한 시인이었다는 사실이 확연해진다.

  모더니스트 시인 정지용은 사물을 감각화하거나 정서를 절제하여 객관적인 이미지로 제시하는 데 탁월한 재능을 보여준 대표적인 '기교 시인'(김용직, 1996, 232)이었다. 대표작 「유리창 1」(1930)에서 정지용은 사랑하는 대상을 잃은 화자의 깊은 슬픔을 절제하고 산새 이미지를 사용하여 표현함으로써 대상과 화자 사이에 적절한 거리를 유지하고 있다. 이처럼 정지용은 정서를 객관적인 이미지로 제시하는 데 탁월한 솜씨를 보여준 이미지즘 계열의 대표 시인이었다.

  생명파 시인 서정주는 인간의 원형을 탐구해 들어가는 새로운 시적 모험을 감행하였다. 대표작 「자화상」(1939)에서 시인은 자신의 불우했던 출생 배경과 성장 과정을 거리낌없이 드러내면서 새로운 시인 탄생을 과감하게 선언하는 대범함을 보여준다. '구경적 생'의 탐구(김동리)에 최고의 가치를 둔 시인 서정주의 초기시들은 시세계의 깊이를 추구한 결과 산문적 형태를 지향하게 된다. 「귀촉도」(1943)에서 서정주는 전통적인 운율 구조를 사용하여 시적 성과를 거두게 되지만[103] 그의 시에서 운율이 본격적인 방법론으로 자리잡게 된 것은 해방 이후의 일이다.

자연파 시인 박목월은 전통적 서정을 노래하였다는 점에서 영랑과 유사성을 보여준다. 해방 이전에 창작된 그의 대표작 「나그네」(1946)에서 박목월은 전통적인 운율 구조를 적절하게 사용하는 동시에 선명한 이미지들을 짧은 시 형태 속에 압축하여 제시해 놓고 있다.[104] 이 점에서 박목월은 서정을 객관화하는 데 성공한 시인으로 평가될 수 있다. 특히 음악성과 회화성이 매우 뛰어나게 형상화되어 있는 제4연 "술 익는 마을마다 / 타는 저녁놀"은 이 작품의 내용 구조상 절정부에 해당된다. 이와 같이 「나그네」는 시적 완성도 또한 매우 탁월하다.

이상에서 살펴본바, 1930년대 대표적인 순수 시인들 중에서 영랑과 같이 내밀한 정서를 신비한 운율로 노래한 시인은 발견되지 않는다. 우리가 1920년대나 1940년대 시인들로 범위를 확대할 경우에도 사정은 마찬가지이다.

1920년대의 대표적인 서정 시인 김소월은 그의 대표작 「진달

---

103) 김현(1981, 186)은 '서정주 시의 리듬을 영랑 시의 변주'로 보았다.
104) 김용직(1996, 528)은 이 작품에서 '독특한 가락과 선명한 심상'의 미덕에 주목한 바 있다.

래꽃」(1922)에서 이별의 한을 전통적인 운율 구조로 노래하였다. 그런데 김소월 시의 한은 개인적인 차원의 정서라기보다는 우리 민족 전체의 정서로 확대될 수 있다. 따라서 김소월을 엄밀한 의미의 순수 서정 시인의 범주에 포함시키기는 어렵다. 김소월이 사용한 운율 역시 전통적 정형성을 크게 벗어나지 못한다고 하겠다.

일제말 암흑기 최후의 시인 윤동주에 있어서 순결한 시정신과 그것을 표현하는 방법의 단순성이 주목된다. 1941년에 창작된 것으로 되어 있는 대표작「서시」에서 윤동주가 보여주는 순수한 젊은이의 자아 성찰 세계는 서정시의 범주에 포함되어 마땅하다. 그렇지만 윤동주의 시는 운율적인 효과를 거의 고려하지 않고 있어서 엄밀한 의미의 순수시로 보기에는 무리가 있다.

우리 현대시문학사에서 영랑의 순수 서정시 세계는 어느 시인도 따를 수 없는 독자성이 인정된다. 식민지하 당대적 상황을 무시한 채 순수시 세계로 일관한 그의 시정신은 간혹 비판의 대상이 되기도 한다. 그러나 예술의 다양성을 인정하는 자리에 우리가 설 경우, 자신의 독자적인 시세계를 지조 있게 고수해 나간 시인 영랑의 정신 세계는 적절하게 평가되어야 할 것이다. 진정한 의미에서 영랑은 우리 현대시문학사에서 순수 서정시 영역을 개척한 시인이자 그 본령에 육박해 간 최고의 순수 서정 시인으로 평가되어 마땅하다.

| 참고 문헌 |

『강진군 마을사』, 1991.
『강진향토지』, 1978.

권영민,『한국민족문학론연구』, 민음사, 1988.
_____,『한국 계급문학 운동사』, 문예출판사, 1998.
김기진,『김팔봉문학전집』1, 문학과지성사, 1988.
_____,『김팔봉문학전집』2, 문학과지성사, 1988.
김영랑,『영랑시집』, 시문학사, 1935.
_____,『영랑시선』, 중앙문화협회, 1949.
김용성,『한국현대문학사탐방』, 현암사, 1984.
김용직,『한국현대시연구』, 일지사, 1974.
_____,『한국현대시사』1, 한국문연, 1996.
_____,『한국현대시사』2, 한국문연, 1996.
_____ 편저,『한국현대시의 이해』, 삼성문화문고 157, 1981.
김용직·박철희 편,『한국 현대시 작품론』, 문장, 1981.
김윤식,『근대한국문학연구』, 일지사, 1973.
_____,『한국근대문학사상』, 서문문고 121, 1974.
_____,『한국현대시론비판』, 일지사, 1975.
_____,『한국현대문학명작사전』, 일지사, 1979.
_____,『박영희연구』, 열음사, 1989.
_____,『임화연구』, 문학사상사, 1989.
김윤식·김 현,『한국문학사』, 민음사, 1973.
김윤식 외,『해방공간의 문학운동과 문학의 현실인식』, 한울, 1989.
김재홍,『한국현대시인연구』, 일지사, 1986.
김종철,『시와 역사적 상상력』, 문학과지성사, 1978.
김준오,「비가적 세계와 순수 자아」, 김용직 외,『한국현대시사연구』, 일지사, 1983.
_____,『가면의 해석학』, 이우출판사, 1985.

편,『김영랑』, 서강대학교출판부, 1997.
김춘수,『한국현대시형태론』, 해동문화사, 1958.
김학동 편,『정지용전집』 2, 민음사, 1988.
　　　　　 편저,『모란이 피기까지는』, 문학세계사, 1981.
김　현 편,『김영랑 박용철 외』, 한국현대시문학대계 7, 지식산업사, 1981.
문덕수,『현대시의 해석과 감상』, 이우출판사, 1982.
민희식・이재호 역편,『반수신의 오후』, 범한서적, 1970.
박노균,「한국 근대시와 프랑시스 잠(1)」,『개신어문연구』 12집, 1995.
박용철,『박용철전집』 1, 동광당서점, 1939.
　　　,『박용철전집』 2, 동광당서점, 1940.
박철희・김시태 편,『현대시의 이해』, 문학과비평사, 1990.
백　석,『사슴』, 1936.
백　철 외 편,『한국전후문제작품집』, 신구문화사, 1980.
서우석,『시와 리듬』, 문학과지성사, 1981.
서정주,『한국의 현대시』, 일지사, 1969.
　　　,『서정주문학전집』 5, 일지사, 1972.
　　　,『미당산문』, 민음사, 1993.
송　욱,『시학평전』, 일조각, 1981.
양왕용,「김영랑의「모란이 피기까지는」」, 김용직・박철희 편,『한국 현대시
　　　　작품론』, 문장, 1981.
오세영,『20세기한국시연구』, 새문사, 1989.
　　　,『한국 현대시 분석적 읽기』, 고려대학교출판부, 1998.
유승우,『시문학파연구』, 민족문화사, 1992.
유제식,『뽈 발레리 연구』, 신아사, 1983.
유홍준,『나의 문화유산답사기』, 창작과비평사, 1994.
　　　　 편,『금강산』, 학고재, 1998.
이기인 편,『이태준』, 새미, 1996.
이숭원,『한국 현대시 감상론』, 집문당, 1996.
이승훈,「김영랑의「모란이 피기까지는」」, 박철희・김시태 편,『현대시의 이
　　　　해』, 문학과비평사, 1990.
　　　,『한국 현대시 새롭게 읽기』, 세계사, 1996.

이어령 편저, 『한국문학연구사전』, 우석출판사, 1990.
이인복, 「김영랑의 「모란이 피기까지는」」, 정한모·김재홍 편저, 『한국대표시 평설』, 문학세계사, 1983.
이헌구, 『진실을 벗삼아』, 박영사, 1975.
임종국, 『친일문학론』, 평화출판사, 1966.
정숙희, 「김영랑문학연구」, 인하대학교 박사논문, 1987.
정한모, 『현대시론』, 민중서관, 1973.
정한모·김재홍 편저, 『한국대표시평설』, 문학세계사, 1983.
조동일, 『한국문학통사』 5, 지식산업사, 1988.
주전이, 『시인 영랑 김윤식 전기』, 국학자료원, 1997.
한계전, 『한국현대시해설』, 관동출판사, 1994.
허형만, 『영랑 김윤식 연구』, 국학자료원, 1996.

Cumings, Bruce, 김동노 외 역, 『한국현대사』, 창작과비평사, 2001.

Michaud, G., *Message Poétique du Symbolisme*, Nizet, 1947.

Rincé, D., 정봉구 역, 『19세기 프랑스 시』, 탐구당, 1984.

연보 및 연구 자료

1. 작가 연보

1903년	1월 16일[105] 전남 강진군 강진면 남성리 221번지 탑골에서 지주였던 김종호의 장남으로 출생.
1909년	4월 서당에 다니기 시작함.
1911년	6월 15일 강진공립보통학교 입학.
1915년	3월 26일 강진공립보통학교 졸업.
1916년	2월 2일 상경하여 기독교청년회관(YMCA)에서 영어 공부. 강진면 도원리 출신 김은하와 결혼.
1917년	3월 휘문의숙 입학. 부인과 사별.
1919년	3월 3·1독립만세사건에 가담한 죄로 체포, 구금 당함. 3월 20일 강진에서 독립만세운동을 모의하다가 일경에 검거됨. 4월 5일 광주지방법원 장흥지청에서 징역 1년형을 선고받고 대구형무소에서 복역, 9월 중순경에 석방. 가을에 휘문고보[106] 중퇴. 10월 하순 금강산 내금강 일대와 고성 땅에 있는 영랑호를 여행한 후 이듬해 2월까지 서울에서 체류.

---

105) 호적상에는 음력 1902년 12월 18일로 기재되어 있음.
106) 1906년 개교한 휘문의숙이 휘문고보로 교명이 바뀐 해는 1918년이었다. 그리고 1938년에 휘문고보가 휘문중학으로 다시 바뀌게 된다.

1920년	5월 강진공립보통학교 여교사 마재경과 연애. 9월 일본 동경 소재 청산(아오야마)학원 중학부 3학년에 편입학. 독립투사 박열과 같은 집에서 하숙.
1921년	봄 청산학원 중학부 4학년에 편입학한 박용철 만남. 7월 하기 휴가 중에 일시 귀향. 9월 이후 청산학원 중학부 도서관에 묻혀서 서구문학 서적 탐독.
1922년	4월 청산학원 인문과에 진학하여 영문학 전공, 서구 낭만주의 시에 경도.
1923년	11월 관동대지진의 여파로 학업을 중단하고 동경에서 방랑.
1924년	봄에 귀향하여 청년회 소비조합에 관여. 전남 광산에 살고 있던 박용철과 문학적 교유 지속. 상경하여 음악회를 관람하거나 신흥 사회주의 문사들과 친교. 가을에 숙명여고생 최승희와 교제. 말경에 박용철과 서울에서 함께 지냄.
1925년	5월 초 개성 호수돈여고 출신 여교사 안귀련과 재혼.
1926년	장녀 애로 출생.
1927년	9월 27일 박용철과 함께 상경. 10월 1일 이후 박용철과 금강산 내금강 일대와 외금강 구룡연 여행. 10월 9일부터 박용철이 머물고 있던 평동 여관에서 1개월간 한방살이. 겨울에 고향에서 야학 개설.
1928년	9월 16일 장남 현욱 출생.
1929년	2월 10일 박용철과 시잡지 출판에 대하여 의논. 2월 15일 강진으로 찾아온 박용철과 1주일 동안 보냄. 5월 19일 광주로 올라가 박용철과 무등산 등반. 10월 22일 박용철과 함께 상경. 10월 25일 시인 정지용을 찾아가서 순수 시잡지 창간에 동참해 줄 것을 요청하고 동의 받음. 11월에 귀향. 12월 23일 『시문학』지 이름이 결정됨. 12월 26일 차남 현복 출생.
1930년	1월에 상경, 옥천동 박용철의 집에서 정지용, 이하윤, 장용하와 만나서 동인지 창간 문제에 대하여 논의. 3월 5일 박용철이 주재하는 시 잡지 『시문학』 창간, 동인으로 참여, 시 13편을 발표하면서 등단.
1931년	3월 25일 차남 현복 사망. 박용철의 집에서 이헌구 만남.

1932년	7월 10일 3남 현국 출생. 야학 개설.
1933년	월 10일 모친 김경무 사망.
1934년	1월 박용철 주간의 『문학』지에 작품 발표. 3월 1일 차녀 애라 출생.
1935년	봄에 박용철, 정지용과 함께 탑골 승방에서 요양 중인 임화를 문병하고 돌아오다가 각자 시집을 출간하기로 의견을 모음. 5월 25일 4남 현철 출생. 11월 5일 『영랑시집』이 시문학사에서 간행됨.
1936년	5월 12일 명월관에서 시집 출판기념회 열림. 가을 박용철의 집에서 서정주 만남. 10월 하순경에 야학 개설.
1937년	2월 박용철의 집에서 4, 5일 동안 머묾.
1938년	1월 31일 5남 현태 출생. 5월 투병중인 박용철 문병, 장례식에 참석. 8월 정지용, 김현구와 한라산 백록담 등반. 9월 20일 고 박용철의 집에 머물면서 유고 수집, 정리.
1939년	5월 5일 『박용철전집』 1권 간행. 11월 23일 6남 현중 출생.
1940년	2월 현중 사망. 5월 20일 『박용철전집』 2권 간행. 10월 15일 7남 현도 출생.
1944년	1월 16일 3녀 애란 출생.
1945년	9월 8일 조선문화협회[107] 결성에 참여. 9월 26일 부친 사망.
1946년	2월 대한독립촉성국민회 강진군 선전부장과 청년단장 맡음. 3월 13일 전조선문필가협회 추천위원. 4월 4일 조선청년문학가협회 결성대회에서 '추대'로 뽑힘.
1948년	5월 10일 제헌국회 초대 민의원 선거에 낙선. 9월 서울 성동구 신당동 290번지의 74로 이사. 10월 20일 여순반란사건 현장 답사 참가.
1949년	2월 22일 문교부 예술위원회 문학위원으로 피선. 봄에 서정주를 찾아가 시선집 편찬 부탁. 8월 공보처 출판국장에 취임. 10월 25일 『영랑시선』이 중앙문화사에서 간행됨. 11월

---

[107] 이 단체는 중앙문화협회(1945. 9. 18)와 전조선문필가협회(1946. 3. 13)로 이어짐.

	17일 한국문학가협회 중앙집행위원으로 추대.
1950년	4월 『문예』지 시 추천인으로 위촉됨. 공보처 출판국장 사임.
	9월 29일 사망, 남산 기슭에 가매장됨.
1954년	11월 14일 망우리 공동묘지로 이장.
1990년	3월 1일 용인 천주교 공원묘지로 다시 이장.

2. 작품연보

(1) 시 목록

「동백잎에 빛나는 마음」	『시문학』 1	1930. 3.
「언덕에 바로 누워」	〃	
「누이의 마음아 나를 보아라」[108]	〃	
「뵈지도 않는 입김의」	〃	
「님 두시고 가는 길의」	〃	
「무너진 성터에」	〃	
「저녁때 저녁때」	〃	
「풀 위에 맺혀지는」	〃	
「푸른 향물 흘러 버린」	〃	
「좁은 길가에」	〃	
「除夜」	〃	
「쓸쓸한 뫼 앞에」	〃	
「원망」	〃	
「내 마음 고요히 고운 봄 길 위에」	『시문학』 2	1930. 5.
「꿈 밭에 봄 마음」	〃	
「허리띠 매는 시악시」	〃	

---

[108] 이 작품은 『여성』 3권 10호(1938. 10)에 「가을」로 개제되어 발표되었다가 『신선시인집』(1940)에서는 「오-매 단풍 들것네」로 다시 개제된 바 있으며 『영랑시선』(1949)에서는 「오-매 단풍 들었네」로 다시 바뀌었다.

「못 오실 님이」	〃
「다정히도 불어오는」	〃
「향내 없다고」	〃
「언덕에 누워」	〃
「가늘한 내음」	〃
「하늘가 닿은 데」	〃
「내 마음 아실 이」	『시문학』 3 1931. 10.
「밤 사람 그립고야」	〃
「눈물 속 빛나는 보람과」	〃
「빈 포케트에 손 찌르고」	〃
「바람에 나부끼는 깔잎」	〃
「뻘은 가슴을 훤히 벗고」	〃
「시냇물 소리」	〃
「그 밖에 더 아실 이」	『문학』 1 1934. 1.
「밤이면 고총 아래」	〃
「저 곡조만 마주」	〃
「山골을 놀이터로」	〃
「사랑은 깊으기」	〃
「빠른 철로에」	〃
「佛地菴 抒情」	『문학』 2 1934. 2.
「모란이 피기까지는」	『문학』 3 1934. 4.
「뉘 눈결에 쏘이었소」	『영랑시집』 1935. 11.
「눈물에 실려 가면」	〃
「숲 향기 숨길을」	〃
「그 색시 서럽다」	〃
「떠 날아가는 마음의」	〃
「미움이란 말 속에」	〃
「생각하면 부끄러운」	〃
「온몸을 감도는」	〃
「그대는 호령도 하실 만하다」	〃
「아퍼 누워 혼자 비노라」[109]	〃

「물 보면 흐르고」	〃	
「降仙臺 돌바늘 끝에」	〃	
「사개 틀린 古風의 툇마루에」	〃	
「마당 앞 맑은 새암을」	〃	
「황홀한 달빛」	〃	
「杜鵑」	〃	
「淸明」	〃	
「가을」110)	『여성』 3-10	1938. 10.
「거문고」	『조광』 5-1	1939. 1.
「가야금」111)	〃	
「달맞이」	『여성』 4-4	1939. 4.
「연」	『여성』 4-5	1939. 5.
「五月」	『문장』 1-6	1939. 7.
「毒을 차고」	『문장』 1-10	1939. 11.
「墓碑銘」	『조광』 5-12	1939. 12.
「한줌 흙」112)	『조광』 6-3	1940. 3.
「江물」	『여성』 5-4	1940. 4.
「한길 위에 누워」113)	『조광』 6-5	1940. 5.
「호젓한 노래」	『여성』 5-6	1940. 6.
「낮의 소란 소리」114)	〃	
「偶感」	『조광』 6-6	1940. 6.
「집」	『인문평론』 11	1940. 8.
「春香」	『문장』 2-7	1940. 9.
「북」	≪동아일보≫	1946. 12. 10.

109) 『신사조』 1권 1호(1950. 1)에 「아퍼 누워」로 재발표.
110) 『시문학』 창간호의 「누이의 마음아 나를 보아라」와 동일함.
111) 이 작품은 1, 2행만 그대로 살리고 나머지는 완전히 개작하여 『민족문화』 1권 1호(1949. 10)에 「행군」이라는 제목으로 발표.
112) 『신천지』 3권 9호(1948. 10)에 재발표.
113) 허형만이 발굴한 작품으로 지금까지의 모든 시집에서 누락됨.
114) 『민성』 5권 8호(1949. 8)에 실린 「발짓」과 동일함.

「바다로 가자」	≪민중일보≫	1947. 8. 7.
「한줌 흙」115)	『신천지』 3-9	1948. 10.
「놓인 마음」	〃	
「새벽의 處刑場」	≪동아일보≫	1948. 11. 14.
「絶望」	≪동아일보≫	1948. 11. 16.
「겨레의 새해」	≪동아일보≫	1949. 1. 6.
「연」	『백민』 16	1949. 1.
「忘却」	『신천지』 4-8	1949. 8.
「발짓」116)	『민성』 5-8	1949. 8.
「感激 八・一五」	≪서울신문≫	1949. 8. 15.
「五月 아침」	『문예』 1-2	1949. 9.
「行軍」117)	『민족문화』 1-1	1949. 10.
「수풀 아래 작은 샘」	『영랑시선』	1949. 11.
「언 땅 한길」	〃	
「아퍼 누워」118)	『신사조』 1-1	1950. 1.
「池畔 追憶」	『민족문화』 1	1950. 2.
「千里를 올라온다」	『백민』 21	1950. 3.
「어느 날 어느 때고」	『민성』 6-3	1950. 3.
「五月 恨」	『신천지』 5-6	1950. 6.

(2) 산문 목록

「감나무에 단풍 드는 全南의 九月」(수필)	『조광』 4-9	1938. 9.
「후기」119)	『박용철전집』 1	1939. 5.

---

115) 『조광』 6권 3호(1940. 3)의 작품과 동일함.
116) 『여성』 5권 6호(1940. 6)에 「낮의 소란 소리」로 발표.
117) 『조광』 5권 1호(1939. 1)에 실려 있는 「가야금」과 1, 2행만 같고 그 뒷부분은 모두 개작됨.
118) 『영랑시집』(1935. 11)에 「아퍼 누워 혼자 비노라」로 발표됨.

「杜鵑과 종다리 上」(수필)	《조선일보》	1939. 5. 20.
「杜鵑과 종다리 下」(수필)	《조선일보》	1939. 5. 21.
「避暑地 巡禮」(설문답)	『여성』 4-8	1939. 8.
「餘白 問答」(설문답)	『조광』 5-9	1939. 9.
「人間 朴龍喆」(회고담)	『조광』 5-12	1939. 12.
「내가 私淑한 詩人」(설문답)	『시학』 5	1940. 1.
「春雪」(수필)	《조선일보》	1940. 2. 23.
「春水」(수필)	《조선일보》	1940. 2. 24.
「春心」(수필)	《조선일보》	1940. 2. 27.
「垂楊」(수필)	《조선일보》	1940. 2. 28.
「餘白 問答」(설문답)	『조광』 6-4	1940. 4.
「芝溶 兄」(서간)	『여성』 5-5	1940. 5.
「補遺」(후기)	『박용철전집』2	1940. 5.
「熱望의 獨立과 冷徹한 현실」(시론)	《민중일보》	1947. 6. 17.
「制服 없는 大學生」(시론)	『해동공론』 49	1949. 3.
「국회의원에 대한 세 가지 질문」(설문답)	『민성』 5-8	1949. 8.
「文學이 副業이라던 朴龍喆 兄」(추도문)	『민성』 5-10	1949. 10.
「出版 文化 育成의 構想」(평문)	『신천지』 4-9	1949. 10.
「민주주의에 관하여」	『신태양』	1949. 10.
「文壇人 相互評, 反傾向派의 鬪士 宵泉」(설문답)	『신태양』	1950. 1.
「사교 댄스의 유행에 관하여」(설문답)	『신태양』	1950. 3.
「新人에 대하여」(평문)	『민성』 6-4	1950. 4.
「朴龍喆과 나」(수상)	『자유문학』 3-6	1958. 6.
「애로 읽어라」(서간)	『시인의 편지』[120]	1986.

3. 연구자료

강순식, 「농촌문학 명작 속의 내 고향 (9): 김영랑의 「모란이 피기까지는」」,

---

119) 『자유문학』(1956. 6)에 재수록됨.
120) 홍윤기 편저, 한림출판사 간행의 단행본임.

≪농민신문≫, 1985. 5. 18.
강우식, 「김영랑의 4행시 : 형태와 운율을 중심으로」, 『심상』, 1974. 12.
강은교, 「김영랑론 : 1930년대 시의 재음미 (Ⅱ)」, 『연세어문학』 14·15합집, 1982.
강학구, 「김영랑의 4행시 연구」, 『청남어문학』 18집, 1997.
강희근, 「김영랑시연구」, 『배달말』 3호, 1978.
_____, 「김영랑시연구」, 『우리시문학연구』, 예지각, 1985.
고 영, 「김영랑론 (상)」, 『시문학』, 1982. 12.
_____, 「김영랑론 (하)」, 『시문학』, 1983. 1.
권영민, 「김영랑의 「연 1」을 읽으면서 : <조매롭다>와 <조마조마>」, 『새국어생활』, 2000. 12.
_____, 「김영랑의 「달」을 보며 : 사개 틀린 고풍의 툇마루」, 『새국어생활』, 2001. 8.
김경란, 「김영랑과 김광균 시의 아이러니」, 『한국문학연구』 21집, 1999.
김광섭, 「영랑 김윤식 형을 추모함 : 그의 이장에 제하여」, ≪경향신문≫, 1954. 11. 14.
_____, 「모란이 피기까지는 : 시인 영랑 묘 이장하는 날」, ≪연합신문≫, 1954. 11. 21.
_____, 「영랑과 우정과 시심」, ≪서울신문≫, 1956. 3. 7.
김남석, 「김영랑 : 목단에 꽃필 원색의 비가」, 『한국시인론』, 서음출판사, 1977.
김동근, 「1930년대 시의 담론체계 연구 : 지용 시와 영랑 시에 대한 기호학적 담론 분석」, 전남대 박사논문, 1996.
김명인, 「영랑 김윤식 연구」, 고려대, 1978.
_____, 「정지용과 김영랑의 시어」, 경기대, 1985.
_____, 「1930년대 시의 구조 연구 : 정지용, 김영랑, 백석의 시를 중심으로」, 고려대 박사논문, 1985.
김상일, 「김영랑 또는 비굴의 형이상학」, 『현대문학』, 1962. 4.
_____, 「영랑 시와 그 교환의 구조」, 『문학사상』, 1974. 9.
김선굉, 「김영랑 시 연구 : 작품 구조와 그 변화 양상을 중심으로」, 영남대, 1983.
김선영, 「김영랑의 시세계」, 『현대시학』, 1972. 6.

김선태, 「영랑 시에 나타난 남도적 특성 연구」, 중앙대, 1986.
김승재, 「김영랑 시의 시기적 특성 고찰」, 호남대, 1993.
김영석, 「실향과 시간의 단절 : 김영랑의 시세계」, 『경희어문학』 5집, 1982.
김영숙, 「김영랑 시 연구 : 시의 형태와 이미지를 중심으로」, 관동대, 1999.
김옥순, 「시문학사에 획기적 전기 마련 : 김영랑 연구사 개관」, 『문학사상』, 1986. 10.
김용섭, 「김영랑 시 연구 (1) : 『영랑시집』을 중심으로」, 『삼척공전논문집』 9집, 1976.
_____, 「김영랑 시 연구 (2) : 베를레느의 시와 비교문학적 입장에서」, 『삼척공전논문집』, 1983.
_____, 「문학사탐방 (12) : 모란이 피기까지는 : 김영랑」, ≪한국일보≫, 1971. 1. 7.
_____, 「김영랑」, 『한국현대문학사탐방』, 국민서관, 1973.
_____, 「영랑 김윤식의 생애」, 『모란이 피기까지는』, 삼중당문고 101, 1975.
김용직, 「남도 가락의 순수 열정」, 『문학사상』, 1974. 9.
_____, 「순수와 향토 서정 : 김영랑론」, 『전형기의 한국문예비평』, 열화당, 1979.
_____, 「남도 가락의 순수 서정 : 김영랑론」, 『한국현대시사』 1, 한국문연, 1996.
김용진·박수현, 「김영랑 시에 대한 또 하나의 관점」, 『안양과학대논문집』 23집, 2000.
김우정, 「한국시인론 (4) : 김영랑론」, 『현대시학』, 1969. 7.
_____, 「한국시인론 (5) : 김영랑을 위한 노우트」, 『현대시학』, 1969. 9.
_____, 「찬란한 슬픔의 의미」, 『김영랑시집』, 범우사, 1985.
김윤식, 「영랑론의 행방 : 김영랑 연구」, 『심상』, 1974. 12.
_____, 「영랑론」, 『한국현대시론비판』, 일지사, 1975.
김은전, 「한국기교시인론 (3) : 김영랑의 음악성」, 『전주교대논문집』 1집, 1966.
김재홍, 「예술시의 한 선구자, 영랑」, 『소설문학』, 1985. 9.
_____, 「생의 양면성 또는 존재론의 시 : 대표시 「모란이 피기까지는」 구조분석」, 『문학사상』, 1986. 10.
_____, 「영랑 김윤식」, 『한국현대시인연구』, 일지사, 1986.

김정화, 「김영랑 후기시에 나타난 세계 인식」, 『한국문학연구』 18집, 동국대, 1995.
김　종, 「영랑 시의 저항문학적 위상」, 『국어국문학』 6집, 조선대, 1984.
김종욱, 「영랑의 미정리 시, 산문 17편」, 『문학사상』, 1978. 7.
김종철, 「1930년대 시인들」, 『시와 역사적 상상력』, 문학과지성사, 1978.
김준오, 「고통과 자기애적 상상력 : 영랑 시의 자아」, 『문리대 논문집』 18집, 부산대, 1979.
＿＿＿, 「비가적 세계와 순수 자아」, 김용직 외, 『한국현대시사연구』, 일지사, 1983.
＿＿＿, 「비가적 세계와 순수 자아 : 영랑론」, 『가면의 해석학』, 이우출판사, 1985.
＿＿＿, 「김영랑론」, 『작가·작품론 (1) : 시』, 문학과비평사, 1990.
＿＿＿ 편, 『김영랑』, 서강대학교출판부, 1997.
김춘섭, 「영랑의 시사적 위치」, 『금호문화』, 1984. 7-8.
김학동, 「영랑 김윤식론」, 『한국현대시인연구』, 민음사, 1977.
＿＿＿, 「촉기와 정감적 구경 : 『영랑시선』」, 『심상』, 1978. 11.
＿＿＿, 「전통과 이질의 변주 : 김영랑의 「두견」과 「춘향」을 중심으로」, 『한국 근대시의 비교문학적 연구』, 일조각, 1981.
＿＿＿, 「<마음> <죽음> <참여>의 시적 행적」, 『문학사상』, 1986. 10.
＿＿＿ 편저, 『모란이 피기까지는 : 김영랑 전집·평전』, 문학세계사, 1981.
김해성, 「김영랑론」, 『한국현대시인론』, 진명문화사, 1973.
＿＿＿, 「영랑의 시세계」, 『한국현대문학개론』, 을유문고 220, 1976.
＿＿＿, 「<사행시>에 맺힌 정한고 : 김영랑론」, 『현대시원론』, 대광문화사, 1980.
＿＿＿, 「사행시에 맺힌 슬픔 : 김영랑론」, 『현대시문학비평』, 대광문화사, 1982.
김　현, 「찬란한 슬픔의 봄」, 김현 편, 『김영랑 박용철 외』, 한국현대시문학 대계 7, 지식산업사, 1981.
김현자, 「내 마음을 아실 이」, 『한국현대시작품연구』, 민음사, 1988.
김형필, 「식민지 시대의 시정신 연구 : 김영랑」, 『한국어문학연구』 7집, 한국외대, 1996.
김　훈, 「김영랑론」, 『어문연구』, 1986.
김흥규, 「영랑의 시와 세계 인식」, 『세계의 문학』, 1977. 가을.

_____, 「영랑의 시와 세계 인식」, 『문학과 역사적 인간』, 창작과비평사, 1980.
남형원, 「새 자료를 통해 본 김영랑의 생애」, 『문학사상』, 1974. 9.
_____, 「김영랑의 시와 수필」, 『문학사상』, 1978. 7.
남효발, 「김영랑 시 연구」, 명지대, 1985.
문덕수, 「김영랑 시의 두 가지 양상」, 『모란이 피기까지는』, 삼중당문고 101, 1975.
_____, 「모란이 피기까지는」, 『현대시의 해석과 감상』, 이우출판사, 1982.
_____, 「돌담에 소색이는 햇발같이」, 『현대시의 해석과 감상』, 이우출판사, 1982.
박노균, 「김영랑의 생애와 문학」, 『개신어문연구』 17집, 2000.
박덕은, 「김영랑론」, 제3세대비평문학회 편, 『한국현대시인연구』, 도서출판 신아, 1988.
박두진, 「겨레에 바친 시들 (15) : 김영랑의 시」, 『기독교사상』, 1970. 1.
_____, 「김영랑의 시」, 『한국현대시론』, 일조각, 1970.
박석기, 「김영랑 연구」, 경원대, 1997.
박요순, 「영랑 시의 서정」, 『심상』, 1974. 12.
_____, 「김영랑론 : 영랑 시의 서정에 대하여」, 『한국시가의 신조명』, 탐구당, 1984.
박종화, 「언어의 미적 창조 : 시인 영랑께 일 고언」, ≪서울신문≫, 1949. 11. 15.
박철석, 「김영랑론」, 『현대시학』, 1979. 12.
_____, 「김영랑론」, 『한국현대시인론』, 학문사, 1984.
박홍원, 「시인의 고향 순례 (9)」, 『죽순』, 1987. 9.
_____, 「명시의 고향을 찾아서」, 『모란촌』, 1989. 11.
박후식, 「모란의 시인 김영랑」, 『교육전남』, 1983. 6.
박훈아, 「전통과 근대의 간극과 님의 부재 시학 : 김영랑론」, 『국어국문학』 32집, 부산대, 1995.
박희진, 「사행시에 관하여」, 『심상』, 1974. 5.
범대순, 「영랑의 문학과 사상」, 『금호문화』, 1983. 7-8.
서범석, 「영랑 시에 나타난 물의 이미지 : G. Bachelard의 상상력 이론에 의한 분석」, 건국대, 1983.
서우석, 「김영랑 : 전통 운율의 변주 효과」, 『시와 리듬』, 문학과지성사, 1981.

서정주, 「발사」, 『영랑시선』, 중앙문화사, 1949.
____, 「영랑의 서정시」, 『문예』, 1950. 3.
____, 「영랑의 일」, 『현대문학』, 1962. 12.
____, 「김영랑과 그의 시」, 『한국의 현대시』, 일지사, 1969.
서준섭, 「김영랑 시에 대한 비교문학적 고찰 : P. 베를렌의 영향을 중심으로」, 『국어교육』 33호, 1978.
손광은, 「영랑 시에 나타난 향토성 연구」, 『호남문화연구』 12집, 1982.
송영목, 「한국시 분석의 가능성 : 특히 김영랑 시 분석을 중심으로」, 경북대, 1966.
신동욱, 「김영랑의 슬픔과 시」, 『현상과 인식』, 1977. 12.
____, 「김영랑론」, 『현대시인론』, 형설출판사, 1979.
____, 「김영랑의 슬픔과 시」, 『우리 시의 역사적 연구』, 새문사, 1981.
신은경, 「김영랑과 김광균 시를 통해 본 1930년대 시의 두 방향」, 한국학대학원, 1983.
양병호, 「김영랑 시의 리듬 연구」, 『한국언어문학』 28집, 1990.
____, 「영랑시연구 : 변모양상을 중심으로」, 전북대 박사논문, 1992.
양왕용, 「김영랑의 「모란이 피기까지는」」, 김용직·박철희 편, 『한국 현대시 작품론』, 문장사, 1981.
엄경은, 「시의 정서와 운율 : 김영랑의 시에 있어서」, 『이화』, 1956. 5.
염형운, 「죽음과 시대상의 연관성에 관한 논고 : 김영랑과 김현구 시를 중심으로」, 『한국어문학연구』 15집, 한국외대, 2002.
오세영, 「김영랑의 「모란이 피기까지는」」, 『현대시』, 1997. 11.
____, 「모란이 피기까지는」, 『한국 현대시 분석적 읽기』, 고려대학교출판부, 1998.
오하근, 「역설의 미학 : 「모란이 피기까지는」의 운율과 구조」, 『한국언어문학』 12집, 1974.
오하근, 「김영랑의 「모란이 피기까지는」의 운율과 구조와 의미 분석 연구」, 전북대, 1975.
유연석, 「김윤식 시 연구」, 『국어국문학』 4집, 조선대, 1982.
____, 「김영랑 시의 특성에 관한 고찰」, 『순천대논문집』 3집, 1984.
유윤식, 「영랑 김윤식론 : 『영랑시집』을 중심으로」, 『한양어문연구』 3집, 1985.

_____, 「김영랑의 시세계 연구」, 『인천대논문집』 20집, 1995.
윤호병, 「영랑시연구」, 서울대, 1981.
윤홍렬, 「영랑시연구」, 경남대, 1988.
이기반, 「영랑 김윤식 연구」, 『한국언어문학』 19집, 1981.
_____, 「김영랑론」, 한국문학평론가협회 편, 『한국현대시인연구』, 백문사, 1991.
이동주, 「(실명소설) 김영랑」, 『현대문학』, 1967. 3.
이명자, 「새 조사에 의한 김영랑의 작품 목록」, 『문학사상』, 1974. 7.
_____, 「영랑 문학의 이해에 큰 도움」, 『문학사상』, 1978. 7.
이상구, 「영랑의 시세계 연구」, 경남대, 1985.
이성교, 「김영랑연구」, 『연구논문집』 6집, 성신여사대, 1973.
_____, 「정서의 극치 : 시의 행간에 대해서」, 『심상』, 1974. 12.
_____, 「김영랑론」, 『현대시의 탐색』, 맥밀란, 1982.
이숭원, 「김영랑론」, 『한국문학』, 1986. 4.
_____, 「순결성에 바탕을 둔 시간 인식 : 대표시「제야」구조 분석」, 『문학사상』, 1986. 10.
_____, 「김영랑 시와 순결의 미학」, 『대전어문학』 4집, 대전대, 1987.
_____, 「김영랑의「독을 차고」」, 한국시문학회 편, 『한국현대시작품연구』, 학문사, 1989.
_____, 「순결성의 미학」, 『모란이 피기까지는』, 미래사, 1991.
_____, 「영랑 시의 여성적 정조」, 『여성연구논총』 10집, 서울여대, 1995.
_____, 「김영랑 시와 시의 가치」, 『한국 현대시 감상론』, 집문당, 1996.
이승훈, 「김영랑 대표시 29편 이렇게 읽는다」, 『문학사상』, 1986. 10.
_____, 「「모란이 피기까지는」의 시간적 구조」, 『문학과 비평』, 1990. 6.
_____, 「김영랑의「모란이 피기까지는」」, 박철희·김시태 편, 『현대시의 이해』, 문학과비평사, 1990.
_____, 「모란이 피기까지는」, 『한국 현대시 새롭게 읽기』, 세계사, 1996.
이어령, 「김영랑」, 이어령 편저, 『한국작가전기연구』 상, 동화출판공사, 1975.
_____, 「김영랑」, 이어령 편저, 『한국문학연구사전』, 우석출판사, 1990.
이용훈, 「영랑 시의 전통성 : 시형과 율격을 중심으로」, 『한국해양대논문집』 19집, 1984.
_____, 「영랑 시의 전통성 (2) : 내용적인 면에서」, 『한국해양대논문집』 20

집, 1985.
이원조, 「영랑시집」, ≪조선일보≫, 1936. 5. 14.
이인복, 「김영랑의 「모란이 피기까지는」」, ≪숙대신보≫, 1982. 9. 9.
_____, 「김영랑의 「모란이 피기까지는」」, 정한모·김재홍 편저, 『한국대표시 평설』, 문학세계사, 1983.
이하윤, 「영랑과 나의 교유」, 『자유문학』, 1958. 9.
이해란, 「김영랑 시 연구 : 형태적 특징을 중심으로」, 서울여대, 1983.
이헌구, 「새해에 생각나는 사람들 : 김윤식 형」, 『신천지』, 1954. 1.
_____, 「김영랑 평전 : 멋에 철한 시인」, 『자유문학』, 1956. 6.
_____, 「영랑의 추억」, 『영랑시집』, 박영사, 1959.
이현재, 「영랑 시에 나타난 사회 의식」, 경북대, 1984.
장만영, 「김영랑 「모란이 피기까지는」」, 『월간문학』, 1970. 6.
장만영·박목월, 『영랑시감상』, 박영사, 1957.
정숙희, 「영랑시집의 판본 연구」, 『관악어문연구』 9집, 서울대, 1984.
_____, 「영랑문학연구사 비판 : 영랑문학론 서설」, 『국어국문학』, 1986.
_____, 「대표시 「내 마음을 아실 이」 구조 분석」, 『문학사상』, 1986. 10.
_____, 「김영랑문학연구」, 인하대 박사논문, 1987.
정순영, 「김영랑론」, 『어문론집』 10집, 중앙대, 1975.
정은임, 「김영랑 시의 형식론적 연구」, 『민족사상』, 한성대, 1984.
정재원, 「영랑 4행시의 음악성 고찰」, 경북대, 1985.
정지용, 「시와 감상 : 영랑과 그의 시」, 『여성』, 1938. 8-9.
정창범, 「김영랑의 시세계」, 『동양문학』, 1988. 12.
정태용, 「김영랑론」, 『현대문학』, 1958. 6.
정한모, 「조밀한 서정의 탄주 : 김영랑론」, 『문학춘추』, 1964. 12.
_____, 「김영랑론」, 『현대시론』, 민중서관, 1973.
_____, 「서정주의의 한 극치」, 『문학사상』, 1974. 9.
정현종, 「영랑, 찬란한 슬픔의 세계」, 『금호문화』, 1984. 7-8.
정효구, 「영랑 시의 서정시적 특질 재고」, 『관악어문연구』 9집, 1984.
조병춘, 「김윤식의 시」, 『한국현대시사』, 집문당, 1980.
조선영, 「물에 대한 시적 심상의 회화적 표현 : 김영랑, 윤동주의 시를 중심으로」, 이화여대, 2001.

조용란, 「김영랑론」, 『새국어교육』 27-28호, 1978.
조재훈, 「김영랑의 「제야」」, 김용직·박철희 편, 『한국 현대시 작품론』, 문장사, 1981.
조지훈, 「김영랑론」, 『주간 서울』, 1949. 10.
_____, 「김영랑론」, 『조지훈전집』 3, 일지사, 1973.
조창환, 「김영랑의 「가늘한 내음」」, 한국시문학회 편, 『한국현대시작품연구』, 학문사, 1989.
조홍숙, 「김영랑 시의 특성 고찰」, 『교육논총』, 조선대, 1987.
주일홍, 「김윤식 소고」, 『국어교육논총』, 연세대, 1981.
주전이, 「영랑 선생과 강진」, 『모란촌』, 1979. 11.
주전이, 「영랑전기 (1)」, 『모란촌』, 1983. 10.
주전이, 「영랑전기 (7)」, 『모란촌』, 1988. 11.
주전이, 『시인 영랑 김윤식 전기』, 국학자료원, 1997.
진창영, 「김영랑론 : 모더니티를 중심으로」, 『동아어문논집』 1집, 1991.
_____, 「김영랑 시의 심상에 관한 일 고찰」, 『수련어문논집』 24집, 1998.
차부진, 「강진 사람 김윤식」, 『금호문화』, 1983. 7-8.
최미정, 「영랑 시에 나타난 언어미」, 『숭실어문』 17집, 2001.
최형기, 「영랑 시어의 국어학적 고찰」, 『우리 말글』 21집, 2001.
최희연, 「김영랑 시 연구」, 『연세어문학』 7집, 1984.
한계전, 「모란이 피기까지는」 외, 『한국현대시해설』, 관동출판사, 1994.
한명희, 「김영랑 4행시 연구」, 『전농어문연구』 7집, 서울시립대, 1995.
한옥근, 「영랑과 향토문학」, 『금호문화』, 1983. 7-8.
허형만, 「영랑의 시와 남도의 미」, 『목포문학』 7호, 1984.
_____, 『영랑 김윤식 연구』, 국학자료원, 1996.
_____, 「김영랑의 저항의식 연구」, 『어문논집』 28집, 2000.
홍인표, 「김영랑론」, 연세대, 1983.
홍희표, 「촉기의 공간 : 김영랑론」, 『현대문학』, 1981. 5.
_____, 「김영랑연구」, 『목원대 논문집』 4집, 1981.